코젤렉의 개념사 사전 21

경제

코젤렉의
개념사 사전 21

경제
Wirtschaft

요하네스 부르크하르트·페터 슈판·오토 게르하르트 욀슬레 지음
라인하르트 코젤렉·오토 브루너·베르너 콘체 엮음
한림대학교 한림과학원 기획
송충기 옮김

Wirt-
schaft

푸른역사

일러두기

1. 이 책은 오토 브루너Otto Brunner·베르너 콘체Werner Conze·라인하르트 코젤렉Reinhart Koselleck이 엮은 《역사적 기본 개념: 독일 정치·사회 언어 역사사전Geschichtliche Grundbegriffe. Historisches Lexikon zur politisch-sozialen Sprache in Deutschland》(Stuttgart: Klett-Cotta, 1972~1997) 중 〈경제 Wirtschaft〉(제7권, pp. 511~594) 항목을 옮긴 것이다. 요하네스 부르크하르트Johannes Burkhardt·페터 슈판Peter Spahn·오토 게르하르트 윅슬레Otto Gerhard Oexle가 집필했다.
2. 미주는 저자, 각주는 옮긴이의 것이다. 각주로 처리된 옮긴이 주의 경우 주석 앞에 [옮긴이] 표기를 했다.
3. 이 책은 2018년 대한민국 교육부와 한국연구재단의 지원을 받아 간행되 었다(NRF-2018S1A6A3A01022568).

번역서를 내면서

●●● 《코젤렉의 개념사 사전》(원제는《역사적 기본 개념Geschichtliche Grundbegriffe》)은 독일의 역사학자 라인하르트 코젤렉Reinhart Koselleck(1923~2006)이 오토 브루너Otto Brunner, 베르너 콘체Werner Conze와 함께 발간한 '독일 정치·사회 언어 역사사전 Historisches Lexikon zur politisch-sozialen Sprache in Deutschland' 입니다. 이 책은 총 119개의 기본 개념 집필에 역사학자뿐 아니라 법학자, 경제학자, 철학자, 신학자 등이 대거 참여한 학제 간 연구의 결실입니다. 또한 1972년에 첫 권이 발간된 후 1997년 최종 여덟 권으로 완성되기까지 무려 25년이 걸린 대작입니다. 독일 빌레펠트대학의 교수였던 코젤렉은 이 작업을 기획하고 주도했으며, 공동 편집자인 브루너, 콘체가 세상을 떠난 후 그 뒤를 이어 책의 출판을 완성했습니다.

《코젤렉의 개념사 사전》이 가진 의의는 작업 규모나 성과물의 방대함뿐만 아니라 방법론적 혁신성에도 있습니다. 기존의 개념사가 시대 배경과 역사적 맥락을 초월한 순수 관념을 상정하고 그것의 의미를 밝히는 데 치중했다면, 《코젤렉의 개념사 사전》은 정치·사회적 맥락 속에서 전개되는 의미의 변화 양상에 주목합니다. 따라서 코젤렉이 말하는 '개념'은 '정치·사회적인 의미연관들로 꽉 차 있어서, 사용하면서도 계속해서 다의적多義的으로 머무르는 단어'입니다. '기본개념'은 그중에서도 특히 정치·사회적인 현실과 운동에 강력한 영향력을 행사한 개념을 가리킵니다.

나아가 《코젤렉의 개념사 사전》은 근대성에 대한 깊은 성찰을 담고 있습니다. 코젤렉은 1750년부터 1850년까지 유럽에서 개념들의 의미에 커다란 변화가 나타나, 근대 세계와 그 이전을 나누는 근본적인 단절이 발생했음에 주목했습니다. 이러한 단절을 그는 '말안장 시대' 또는 '문턱의 시대'로 표현한 바 있습니다. 또한 코젤렉은 근대에 들어오면서 개념은 '경험 공간과 기대 지평'이라는 두 차원을 가진 '운동 개념'이 되었음을 드러냄으로써 근대성에 대한 물음을 성찰하도록 해주었습니다.

《코젤렉의 개념사 사전》은 방대한 기획과 방법론적 혁신성, 근대성에 대한 통찰을 담은 기념비적 저작이라는 면에서 광범위한 차원의 호평과 반향을 불러일으켰습니다. 또한 분과학문의 틀을 뛰어넘는 인문학적 역사 연구의 전망을 제시했다는 점에서 개념사 연구의 표본적 모델로 인정받고 있습니다. 개념사 연구가 비교적 늦은 한국 사회에도 이 책의 존재는 어느 정도 알려져 있습니다.

한림과학원은 2005년 《한국 인문·사회과학 기본 개념의 역사·

철학사전》 편찬 사업을 시작하여 2007~2017년 인문한국(HK) '동아시아 기본 개념의 상호소통 사업'을 수행해왔습니다. 2018년부터는 인문한국플러스(HK+) '횡단, 융합, 창신의 동아시아 개념사'로 확장하여 동아시아 개념사 연구의 새로운 지평을 여는 데 기여하고자 합니다. 전근대부터 근대를 거쳐 현대에 이르기까지 동아시아에서 개념이 생성, 전파, 상호 소통하는 양상을 성찰하여, 오늘날 상생의 동아시아 공동체 형성을 위한 소통적 가능성을 발견하는 것이 이 사업의 목표입니다. 《코젤렉의 개념사 사전》의 번역은 우리나라에서 처음 시도하는 작업으로, 유럽의 개념사 연구 성과를 정확하게 이해하는 데 필수적입니다. 그 결과물로 2010년 1차분 〈문명과 문화〉, 〈진보〉, 〈제국주의〉, 〈전쟁〉, 〈평화〉, 2014년 2차분 〈계몽〉, 〈자유주의〉, 〈개혁과 (종교)개혁〉, 〈해방〉, 〈노동과 노동자〉, 2019년 3차분 〈위기〉, 〈혁명〉, 〈근대적/근대성, 근대〉, 〈보수, 보수주의〉, 〈아나키/아나키즘/아나키스트〉, 2021년 4차분 〈역사〉, 〈민주주의와 독재〉, 〈동맹〉, 〈법과 정의〉, 〈헌법〉을 발간했습니다. 이어 이번에 5차분 〈경제〉, 〈반동—복고〉, 〈통일〉, 〈협회〉, 〈습속, 윤리, 도덕〉을 내놓습니다. 이를 계기로 개념사 연구에 대한 관심이 더욱 높아지고, 개념사 연구방법론을 개발하는 시도가 왕성해지기를 바랍니다.

2022년 10월
한림대학교 한림과학원 원장 이경구

CONTENTS

서문

CHAPTER I

Einleitung

I. 서문

●●●　　'경제Wirtschaft'와 '살림살이Ökonomie'라는 이 한 쌍의 개념은 한 학문의 모든 핵심을 포괄하고 근대 세계의 모든 것을 관통해온 핵심적 위치를 점하고 있다. 이들 개념이 품고 있는 풍부한 의미와 선례는 이 개념어 사전에도 그대로 반영되어 있는데, 살림살이 사고방식의 많은 부가적 의미와 공통된 어원뿐만 아니라 부분적인 제 측면이 그리고 다른 개념들에 포함된 살림살이의 의미까지도 이 사전의 다른 항목에 등장한다는 점에서 그러하다. 그래서 여기서는 '살림살이에 관한 것' 자체가 역사적으로 근대적인 개념으로 자리 잡는 과정에 초점을 맞추고자 한다. 이 흥미롭고 있었을 법한 수많은 관계, 결합, 그리고 측면을 고찰하여 개념사적으로 해명될 발전의 관점을 제시하기 위해서는, 단서를 중심으로 일목요연하게 연구하고 서술하는 것이 필요하다.

여기서 우리는 살림살이 사고방식을 개념사적으로 직접 문제제

기했던 오토 브루너Otto Brunner의 통찰을 출발점으로 삼고자 한다. 그는 이렇게 지적했다. 그리스어 오이코스oikos[집]라는 단어에서 발전된 살림학Ökonomik이라는 용어는 18세기 전까지는 다름 아닌 '총체적 가정ganzes Haus'*에 대한 가르침이었다. 즉 그것은 집안에서 벌어지는 모든 생활 영역을 하나의 통일체로 인식하는 가르침으로, 아직 돈벌이와는 전혀 무관한 것이었다. 고대의 살림학에서 재화의 생산에 관심을 가졌던 것은 순전히 실제적이고 기술적인 측면에서였지, 이윤에 대한 생각도 없었고 시장과의 관계도 추구하지 않았다.

그러나 다른 한편으로 근대 이전에도 시장과의 관계가 깊은 사유의 대상이었던 곳이 존재했다. 국민살림살이nationalökonomisch에 대한 학설의 역사가 상당히 잘 보여주었듯이 근대 초의 스콜라 철학에서도 가격, 이자, 독점, 그리고 화폐에 대한 논의가 있었고, 교역과 영업에 대한 중상주의적 이론에서도 경제학의 이전 형태나 초기 형태가 나타나곤 했다. 그렇지만 시장을 지향하는 이러한 사고방식이 18세기까지는 어원상으로 '살림살이' 및 '경제'에 확고하게 스며들지 않았다. 최소한 이들은 상호연관성이 거의 없었으며 서로 다른 역사적인 관계망에 속했다. 이는 고대, 중세, 근대

---

* [옮긴이] 오토 브루너는 17~18세기 가정학에 대한 문헌을 바탕으로 집안의 생계를 중시하면서 시장과의 관계가 먼 가계家計의 기능을 확인하여 '집안에서 벌어지는 모든 대소사'를 '총체적 가정ganzes Haus'이라고 지칭했다. 이것은 하인을 포함한 핵가족으로 구성되고 경제적 생산, 소비, 자녀 양육, 노인과 병자의 봉양, 세속과 종교의 규범을 전달하는 기능을 수행했다.

초기에 대해서는 각각 평행하는 두 갈래의 길을 추적해야 한다는 점을 의미한다. 브루너도 비슷하게 집과 시장을 이상형으로 서로 분리된 영역으로 대비시켰는데, 이것은 근대적인 경제 개념이 이중의 기원을 갖고 있음을 지적한 것이다. 따라서 경제라는 개념의 등장은, 어원학적 측면이나 사실과 이론의 역사적인 측면이나, 그 어느 한쪽만으로는 결코 재구성되기 어려울 듯하다.

요컨대 자율적인 경제행위를 총괄하는 개념 혹은 그에 관한 학문은 고대부터 근대 초기까지 존재했던 적이 없었다. 고대에 '오이코스'와 '오이코노미아oikonomia'라는 용어는 각각 가정家庭과 그것을 사회적이고 물질적인 관계 속에서 관리하는 것을 의미했다. 고대의 살림학은 아리스토텔레스의 권위에 의해, 정치학 및 윤리학과 나란히, 실천철학의 지속적인 가르침의 대상이 되었다. 이와 동시에 돈 버는 일Chrematistik은 폄하되고 가정의 농경적 성격을 강조하는 논의(크세노폰Xenophon)에 의해 교환 영역이 원칙적으로 배제되었다. 그 결과 실제로는 늘어나던 시장agora이 상이한 인식적 맥락 속에서 대체로 산발적으로만 나타났다.

중세에는 '살림살이'와 오늘날 '경제'라고 부를 만한 것의 용어가 역사적으로 더욱 더 벌어졌다. '집Haus'이라는 개념이 하느님, 세계, 그리고 그 지배자의 가정으로 전이될 수 있었는데, 이러한 발전으로 고전적 살림학과 연관되어 다시 가정이 실질적인 사회 구성물로서 등장했다. 이와 반대로 거래 및 시장에 대한 현대적 의미의 경제적 사유는 스콜라 철학에서의 가격과 이윤에 대한 논의들 그리고 상인의 성장으로부터 나왔다.

근대 초기에는 양 개념이 나란히 확대되었다. 곧 가장귀감서家長龜鑑書(Hausväterliteratur)가 등장하면서 '경제'라는 용어가 물질적으로 농지 관리의 의미를 강조함에 따라 '살림살이'에 대응하는 독일식 발전 경로를 확립했다. 이와 동시에 그 반대편에서는 상인에 대한 전문적인 문헌과 독점경쟁, 가격혁명, 그리고 중상주의의 특성에 대한 논쟁으로 인해, 교환 영역이 점차 이론적인 접근이 가능한 독자적인 분야가 되었다. 그렇지만 당시 이에 대한 개념은 '상업Kommerzien', 그리고 결국에는 '상학商學(Handlungswissenschaft)'으로 확정되었다.

18세기와 19세기를 지나면서 이 양쪽의 용어가 근대적 의미에서 경제 영역을 뜻하는 하나의 포괄적인 개념으로 통합되어, 경제 영역이 이제 생산과 교환의 영역을 포괄하고 서로를 연관시켰다. 바로 이 지점이 이 개념사가 특별한 문제의식과 특별한 인식을 제공하는 곳이다. 말하자면 '거래'와 '상업'을 제치고 '경제'와 '살림살이'라는 용어가 상위개념으로 확고하게 자리 잡은 것은 결코 자명하지 않다. 왜냐하면 언뜻 보기에 교역의 측면이 고대의 농경에 기반한 가정학보다 더 '근대적이고' 더 포괄적이며 더 이론적이어서 오히려 경제학의 본질적인 전사前史로 자처할 수 있었기 때문이다. 그러면 역사적 결정은 왜 '경제'와 '살림살이'로 귀결되었을까?

이 항목어 서술에서는 두 가지 서로 보충적인 설명 가설을 제시해보고자 한다. 하나는 근대국가라는 매개물과 그곳의 관방주의자 들에게서 나온 것으로, 이들이 '살림살이'라고 말할 때에는 제후의 재정 관리라는 뜻이었지만 점차 교역이 필요해지면서 양자를 한꺼 번에 의미했다. 이렇게 국가와 사회의 모든 관점을 하나로 통합시 키는 시도는 '국가경제Staatswirtschaft', '정치적 살림살이politische Ökonomie', '국민살림살이Nationalökonomie' 그리고 '민족경제 Volkswirtschaft'라는 학문의 명칭에도 보존되어 있다.

또 다른 추정 방식은 학문의 사상사적 전환이라는 관점을 보는 것인데, 곧 중농주의와 영국 고전경제학의 명칭과 연관되어 있다. 이들 혁신적인 학파의 출범이 농업과 관련되어 있었기 때문에 살 림살이에 대한 용어가 사용될 수밖에 없었다. 그러나 이 대목에서 무엇보다도 주목해야 할 점은 생산과 성장이라는 새로운 방향이 설정되었음에도 불구하고 어떻게 중상주의적 이론과 상업에 대한 개념이 선택되지 않은 채 계속 배제되었는가이다.

물론 백과사전에나 일반 용어 사용에서 경제학이 개념사적으로 정착되는 과정은 느리기만 했다. 독일에서는 19세기의 마지막 30 여 년 동안 산업혁명을 통해 비로소 '경제'라는 용어가 국가와 사 회의 영역에서 '거래'라는 용어를 제쳤고, 이어 언어상의 차이를 드러내면서 포괄적인 함의를 가진 용어임을 자처하게 되었다. 결 국 근대적인 경제 개념을 시간과 역사의 차원에서 다룬다는 것은, 그 개념이 형성되는 1800년경 국면을, '경제'에 대한 마르크스주 의적이며 독일적인 이해 방식과 '경제성장'이라는 당대의 논의와 연계하여 파악하려는 시도이다.

요하네스 부르크하르트Johannes Burkhardt

요하네스 부르크하르트 Johannes Burkhardt(1943~2022)
1971년 튀빙겐대학에서 박사학위를 받은 후 빌레펠트대학, 보훔대학을 거쳐 1991년 아우크
스부르크Augsburg대학에서 정식 교수로 임명되었다. 독일 근대사, 특히 '30년전쟁'과 독일
푸거Fugger가 연구에 많은 업적을 남겼으며 2008년에 퇴임했다.

고대

CHAPTER II

Antike
II. 고대

1. 용어 '오이코노미아oikovoμía'의 역사

●●●   '오이코노미아'라는 용어가 생겨난 것은 기원전 4세기 초이다.[1] 처음에 이것은 '오이코스oîkos'[집]을 올바르게 관리하는 것, 즉 가사家事 활동을 의미하는 말이었고, 늦어도 4세기부터는 실천철학의 대상이 되었다. 그렇지만 '오이코스'라는 개념과 올바른 가사활동에 대한 가르침은 이미 가장 이른 시기의 그리스 문헌에서도 발견된다. 호메로스와 헤시오도스 시대에 '오이코스'는 벌써 사회의 기본 개념이었다. 이 용어는 온갖 종류의 구체적인 집안일뿐만 아니라 여러 곳에서 구성원과 재화를 포함한 집의 존재 전반을 가리켰다.[2] 《오디세이》에서는 '오이코펠리에 oîkωφελíη'[3]라는 명사가 등장하는데, 이를 문자 그대로 풀이하면 '집의 증가'라는 말이다. 성공적인 가계경제를 뜻했던 이 용어는 나중에 거의 사용되지 않았지만, 거기에 담긴 의미를 통해 고대에

사용된 살림살이라는 개념의 기본 관념을 이미 엿보게 된다.

'오이코노미아'라는 용어에 앞서 가정에서 '출납하고 관리하는' 사람을 의미하는 명사 '오이코노모스oíκονόμος'가 존재했다. 이 단어는 호메로스와 헤시오도스의 저작에는 아직 나오지 않지만, 《오디세이》와 특히 헤시오도스의 《일과 날》(이 두 서사시는 기원전 약 700년 전에 등장했다)에는 당시의 의미로 살림살이라고 할 만한 것에 관한 자세한 묘사가 있다. 이 단어가 쓰인 흔적은 기원전 6세기 즈음에 처음 보인다.[4] '오이코-노모스'는 '오이코oíκο'와 '노모스vóμος'의 합성어이다. 이 중 노모스는 발음이 비슷한 명사, 말하자면 '관습', '예의', 혹은 심지어 '법률'과도 전혀 다른 의미를 지녔다.[5] 이것은 오히려 동사 어근인 '넴νεμ-'이 지닌 기본적인 의미와 같다. '네메인νέμειν'은 먼저 '나누다' 혹은 '할당하다'를, 다음으로 '향유하다', '이용하다', '즐기다'를, 그리고 마지막으로 (늦어도 기원전 5세기 이래 폴리스와 관련해서) '정리하다', '관리하다'를 뜻한다.[6] 이 모든 기능은 '오이코노모스'가 하는 일과 일치했고, 따라서 '오이코노미아'라는 개념 속에 포함되었다. 기원전 6세기와 5세기에 '오이코노모스'가 쓰인 경우는 모두 가정주부와 관련된 사례이다.[7] '오이쿠로스oíκουρός'(그대로 번역하자면, '집 관리자', '집사'라는 뜻)라는 단어도 마찬가지로 기원전 5세기에 자주 등장하는데, 이는 '오이코노모스'가 뜻하는 바에 가깝고 주로 여성에게 사용되었다.[8] 기원전 4세기의 문헌, 무엇보다도 플라톤, 크세노폰, 그리고 아리스토텔레스의 저작을 보면, '오이코노모스'는 이제 대개 '집주인'을 지칭하며,[9] 나중에 나오는 표현인 '오이코데스포테스oικοδεσπότης'와 동일한 의미로 쓰였다. 기원전 3세기부터는 '오이코노모스'가 가정에서 고용한 집사를 가리켰는데, 집사는 노예일 수도 있었다.[10]

기원전 5세기 이후 가사를 돌보는 행위를 표현하는 방식이 여럿 등장했다. 한편에서는 '오이코노모스'에서 동사형인 '오이코노메인oικονομεῖν'이 파생되었다. 이와 나란히 동사 '오이케인oικεῖν'(과 '디오이케인διοικεῖν')이 '관리하다'라는 의미로 전이되면서 '오이코스'와 연관지어졌다.[11] 추상어인 '오이코노미아'는 이러한 동사적 표현법을 먼저 제시한 다음 이들 모두를 하나의 개념으로 묶었다. '오이코노미아'가 기원전 4세기에 비로소 철학적 텍스트에, 일종의 학문(살림살이란 일종의 과학이다ἡ οἰκονομία ἐπιστήμης τινὸς ὄνομά ἐστιν)과 특정한 기예τέχνη의 명칭으로 나타난 것은 추정컨대 우연이 아니다.[12] '오이코노미아'라는 단어와 같이, 기원전 4세기에 비로소 만들어져 쓰이기 시작된 형용사 어휘로는 '오이코노미코스oικονομικός'('가정경제의'라는 뜻인데, 이에 반해 '타 오이코노미카τὰ οικονομικά'[살림살이에 관한 것]이라는 단어는 살림학의 분류 명칭이었다)가 있는데, 이 두 단어의 등장은 아마도 기원전 5세기 후반에 등장한 '오이코노모스'의 활동에 대한 새롭고 근본적인 성찰이 이루어졌음을 보여준다.

다른 한편으로 이 개념은 항상 가정과 연관되었던 것만이 아니라 전이된 의미를 가졌을 수도 있다. 곧 '오이코노모스'가 일련의 폴리스에서 재무관을 지칭하는 관직명으로 쓰였는데, 이는 기원전 4세기에 처음 확인된다.[13] 헬레니즘 왕국 시절, 특히 프톨레마이오스 왕조에서는* '오이코노모이oikonómoi'가 왕실 재무관으로 여러 역할을 수행했기 때문에,[14] 이때에는 오히려 나라의 재정을 관리하는 의미가 더 어울렸다. 그러나 고전기 폴리스에서도 이미 이 정치적 용어를 두고서, 가령 아리스토텔레스가 그랬던 것처럼, 더 이상 '오이코스'[집]와 '폴리스' 사이에 엄격한 개념 구분을 하지 않았다. 오히려 이미 기원전 5세기 아테네에서는 '오이코스'가 폴리스를 형이상학적으로 표현하는 개념으로 수용되었다. 더욱이 사람들은 폴리스의 행정을 '오이케인oἰκεῖν'과 '디오인케인 διοικεῖν'이라는 단어로, 그것의 재정을 '디오이케시스διοίίησις'로 부를 수 있었다.[15] 이에 따라 '오이코노미아'라는 용어도 정치적 영역으로 전이될 수 있었다. 이러한 사례를 가장 먼저 언급한 문헌은 기원전 323년 데이나르코스Deinarch**의 연설문이다.[16] 그러므로 더 늦게서야 비로소 나오는 표현인 '폴리티케 오이코노미아 πολιτικὴ oἰκονομία'[폴리스의 살림살이][17]에서 개념의 내용이 확대

---

* [옮긴이] 기원전 323년, 곧 알렉산더 대왕이 마케도니아에서 시작하여 페르시아와 이집트 등의 지역을 정복하고 사망한 시점에서부터 로마가 그리스 본토를 대부분 정복한 기원전 134년까지 마케도니아, 이집트, 페르시아 지역에 있던 여러 왕조들을 말한다. 이집트에서는 기원전 305년부터 프톨레마이오스 왕조가 들어섰는데 기원전 30년 클레오파트라 7세가 로마 옥타비아누스에서 패하여 사망하기까지 존재했다.
** [옮긴이] 그리스 이름은 Δείναρχος(기원전 약 361년~기원전 약 291년)로서 코린트에서 태어나 나중에 아테네로 이주하여 그곳에서 뛰어난 연설문 작성자 가운데 한 명이 되었다.

되었다고 보기 어렵다.

'오이코노미아'가 '오이코스'와 '폴리스'에 사용된 것과 더불어 헬레니즘 시대에는 여러 분야에 걸쳐 '행정', '지휘', '정렬' 등의 일반적인 의미로도 쓰였다.[18] 예컨대 폴리비오스Polybios에게서는 이 단어가 '역사'나 '정치체제의 순환'을 이야기할 때도 사용되었다.[19] 문학작품에서는 이것이 '장절章節의 올바른 배열'[20]을 흔히 지칭했다. 기독교 신학에서 '오이코노미아'는 기독교적 사상사의 기본개념이 되었고 교부신학에서는 의미가 크게 확장되었다.[21]

라틴어 문헌에서 '오이코노미아'는, 그리스어로 표기하든 라틴어로 표기하든 관계없이, 외래어였다. 전해지는 증거에 따르면, 문학 이론과 수사학 분야에서 이것은 주로 '올바른 배열'이라는 전의된 의미만을 갖고 있었다.[22] '오이코노미아'에 대응되는 라틴어 용어로는 '분배distributio', '질서ordinatio', '짜임새dispositio', 그리고 무엇보다 '운영dispensatio'이 있는데, 맨 마지막 단어가 '정확한 숙고', '분배', '나누기', '관리', '경영'이란 뜻을 지녔으니 그리스 시대에 이 개념이 품고 있던 원래 뜻에 가장 가깝다. 이 용어 역시 '오이코노미아'처럼 광범위하게 쓰였다. 곧 가정과 관련된 분야뿐만 아니라 의미를 바꾸어 문학이론(주로 '짜임새dispositio'라는 단어로)과 신학('조화dispositio'와 '운영dispensatio'이라는 단어로)에까지 사용되었다.[23]

2. 고전기 그리스에서 '오이코스'의 의미

초기 그리스 시문詩文에서 핵심 주제 가운데 하나는 '오이코스'를 잘 꾸려나가는지에 대한 서술이다. "오디세우스가 가계와 농장을 경영하는 방식이야말로 가장 치밀하고 탁월하게 묘사된 이상형으로서, 호메로스의 시가詩歌는 이것을 가능한 모범으로 삼아 고대의 사회적 관념을 제시했다."[24] 그리스 초기의 귀족사회에서 오이코스는 이중적인 의미에서 가장 중요한 사회적 통합체였다. 한편으로 이것은 폭넓은 친족으로 이루어진 체제와 달랐다. 다른 한편으로 공동체인 폴리스도 아직 국가 내 모든 것을 지배할 정도의 체제가 아니었다. 이 양자의 사이에서 사회적 관계를 연결시켜주는 고리가 바로 호메로스 저술에 나오는 '바실레우스βασιλεύς'(실제로는 귀족 출신의 토지소유자)의 오이코스인데, 이는 주로 '우애 φιλότης'를 토대로 한다. 오이코스를 근거지로 삼아 서로 다른 사회적 출신의 사람들이 결속을 꾀할 수 있었다. 곧 핵가족 구성원, 노예, 동업자 혹은 귀족 출신의 문객門客까지 말이다.

그렇지만 호메로스 저작에서 오이코스는 사회적 통합체만이 아니라 경제적인, 더 자세히 말하자면, 생산과 소비를 위한 통합체이기도 하다. 호메로스에게서는 자급자족이 경제적 행위의 목적인데, 이러한 사실은 물자를 비축하고 부를 형성하는 것이 오이코스의 중요한 역할이었다는 점에서도 드러난다. 필수품인 금속, 귀중품, 노예는 늘 부족하기 십상이었고, 이 결핍된 부분을 메우는 방식이 전쟁에서의 노획, 거래 아니면 평화적인 물물교환이었다. 그렇지만 호메로스가 보기에, 맨 나중의 방식이 경제적인 기능뿐만 아니라—수많은 '원시' 사회에서 그랬던 것처럼—무엇보다 사회적 관계를 뒷받침하는 데 기여했다.[25] 이 제도는 원칙적으로 거래와 달리 돈벌이를 위한 수단이 아니었다. 이에 반해 본래의 거래는 주로 외부인, 특히 페니키아인에 의해 이루어졌고, 호메로스의 글에서 오이코스 주인은 이를 의심했지만 그래도 필수불가결한 것으로 인정했다.

호메로스가 묘사한 오이코스의 모습은 헤시오도스의 《일과 날》을 통해 전반적으로 확인되었고, 여러 측면에서 보충되었다. 호메로스의 시선이 영웅적인 과거를 향했다면(그렇다 해도 그 시인이 당면한 사회적 현실에서 나오는 수많은 요소도 그의 묘사에 영향을 미쳤다), 헤시오도스의 《일과 날》은 당대 농부의 상황을 주로 다루었다. 이 서사시의 핵심은 농부의 일과를 묘사함으로써 '오이코스' 소유자에게 농사일과 사회적 태도에 구체적인 조언을 제시하는 것이다. 유럽적 전통 내에서 보자면 이것은 '가장귀감서家長龜鑑書'의 원형이다. 마치 이러한 계보를 염두에 두기라도 했다는 듯이 아리스토텔레스는 '오이코스'의 등장과 관련해 헤시오도스 작품의 한 구절을 이렇게 인용했다. "가장 중요한 것은 집이고, 그 다음이 여성과 쟁기를 끌 황소이다." 이로써 농촌의 오이코스에 필요한 최소한의 구성요건이 어느 정도 제시되었다. 더 나아가 《일과 날》에서는 노예를 동원하는 일이 여러 번 언급되곤 하는데, 헤시오도스가 눈여겨 본 것처럼, 이들 노예는 아마 중간규모의 농장에나 존재했다. 그러나 경제적 성공—그리고 이것은 무엇보다도 굶주림에서 벗어난다는 뜻인데—은 무엇보다도 가장의 근면한 노동에 달려 있었다. '오이코스'의 상실은 사회적 계급이 완전히 강등됨을 뜻했다. 다시 말해 사람이 "집 없는 임금노동자"로 전락하고 상황에 따라서는 "남모르는 집에 가서 구걸해야 하는" 형편으로 내몰린다는 의미였다. 유일하게 사회적 신분을 보장해줄 수 있는 오이코스를 유지하기 위한 투쟁, 곧 이러한 방어적 경향은 《일과 날》 전반에서 발견된다. 그럼에도 불구하고 헤시오도스는 "다른 사람이 당신의 땅을 취득하는 것이 아니라 당신이 다른 사람의 땅을 취득할" 가능성도 염두에 두었다.

헤시오도스가 보기에 "집을 얻고자 하는 것은" 명예로운 일이다. 이에 대해 그는 '항해ναυτιλίη'를 다룬 부분에서 이렇게 말한다. '거래ἐμπορίη'는 물론 "재난과 굶주림의 압박을 피하기 위해서"만 하는 일이다. 만약 한 해를 지낼 만한 양식이 충분하면, "당신은 곧장 노櫓를 굴뚝에 걸어놓아야 할 것이다." 요컨대 이 책도 경제적으로 자급자족하는 상태를 이상적으로 보긴 했지만, 실제에서는 거래할 필요성도 있음을 밝혔다. 헤시오도스는 단지 그에 대한 위험성을 염려했을 뿐, 거기서 발생한 '이익κέρδος'을 문제삼은 것은 아니었다.[26]

헤시오도스 시대 이후부터 기원전 5세기에 이르기까지 가정경제나 더 폭넓은 경제적인 거래를 더욱 상세하게 묘사한 문헌 자료는 거의 남아 있지 않다. 물론 전승된 시가, 특히 솔론Solon과 테오그니스Theognis*의 시에는 기원전 6세기에 일어난 경제적 사회적 격변이 드러난다. 이들 작가는 그러한 변화가 가져온 결과에—부분적으로 서로 다른 이유에서—부정적인 판단을 내렸다. 곧 부의 변동이 심해지면서 나타난 영향을 종교와 신분에 따른 도덕적 잣대에 따라 평가했다. 어쨌든 그 변동으로 "돈이 남자를 만든다 Χρήματ᾽ἀνήρ"라는 간결한 명언이 고전기를 상징하게 되었다.[27] 솔론은 돈을 불법적으로 지나치게 벌려는 노력을 비난했다.[28] 아리스토텔레스는 솔론의 언명, 곧 "인간에게 이렇다 할 만큼 정해진 부의 한계가 없다"는 말을 인용하면서 비판했지만, 사실 이것은 아리스토텔레스가 비판하고자 했던 것처럼 결코 긍정적으로 한 말이 아니었다.[29] 오히려 솔론은 한계를 모르는 돈에 대한 욕심을 신이 선사한 부, 곧 오로지 영원한 것을 통해 억누르라고 가르쳤다.[30] 다만 다름 아닌 종교적인 이유에서 그는 아리스토텔레스와 입장을 달리하는데, 그에게서는 '생장生長(Φύσις)'만이 '진정한 부'였다.[31]

---

* [옮긴이] 기원전 6세기에 활동했던 메가라Megara 출신의 시인으로 애도와 조위를 드러내는 가요 형식의 엘레게이아 풍의 시를 주로 썼다.

3. '아티카식 살림살이Ἀττικὴ οἰκονομία'의 등장

가사활동에 대한 이러한 전통적 생각은, 폴리스가 기원전 5세기부터 경제적으로 발전하고 시장의 중요성이 점차 커짐에 따라 영향을 받았다. 이것이 새로운 현상이었다는 점은 여러 증거를 통해 입증된다. 곧 호메로스와 헤시오도스 이후 일반적으로 정치적·문화적 목적을 위한 모임 장소를 뜻했던 단어인 아고라ἀγορά에 상업적인 의미가 추가되었다.[32] 고고학적 발견을 통해서도—예를 들면 아테네의 경우에—기원전 5세기에는 아고라에서 거래가 증가했음이 확인된다.[33] 이제 시장이 아고라에서 열리는 것이 그리스의 전형적인 현상으로 간주되었다는 사실은 다음에서도 분명하게 드러난다. 곧 페르시아의 왕 키로스Kyros가 스파르타에서 온 전령에게 이렇게 말했다고 헤로도토스는 전한다. "폴리스 한복판에 남자들이 모여 진실을 맹세하면서도 서로 속이는 장소χῶρος를 만들었는데, 나는 아직 이들에게 두려움을 느낀 적은 없었다."[34] 이를 두고 헤로도토스는 키로스가 그렇게 말함으로써 모든 그리스인에 대한 경멸감을 드러내고 싶었던 것이라고 해석했다. "왜냐하면 그리스 사람이 물건을 사고파는 시장ἀγορῆς을 세웠기 때문인데, 그도 그럴 것이 페르시아 사람은 시장을 이용하지도 않았으며 그들에게는 원래 시장이 없었기 때문이었다."[35] 짐작컨대 헤로도토스 시대에 이르러서야 비로소 상설시장이 그리스의 특성으로 인식되었을 것이다. 이 일화는 기원전 6세기 후반에 일어났기 때문에, 아마도 기원전 550년부터 450년 사이에는 아고라가 점차 경제 중심지로 바뀐 것으로 추정된다.

아테네에서 아고라가 어떻게 기원전 5세기 말엽에 생필품 시장으로서 없어서는 안 될 곳이 되었는지를 더 자세하게 살필 수 있다. 곧 펠로폰네소스 전쟁이 발발한 뒤 사람이 도시로 몰리면서 주민 대다수는 아고라를 통해 물품을 조달할 수밖에 없었다. 그때까지는 시민 다수가 농촌에 거주했기 때문에,[36] 이제 많은 사람이 경제활동의 방식에서 결정적인 변화를 겪었다. 농촌의 오이코스와 폭넓은 자급자족에 맞춰 생활하는 데 익숙했던 가사 운영이 짧은 시간 내에 새로운 조건, 곧 시장에 적응해야만 했다. 이에 대한 전제 조건은 우선 아테네 함대를 통해 해상 교역로를 안전하기 유지하는 것이고, 그 다음은 민주정치 아래에서 특정한 정치적·군사적 기능을 수행한 사람에게 국가가 보수를 지급하는 제도를 도입하는 것이었다.[37] 이렇게 다양한 형태의 '봉급μισθοί'이 지급되면서 화폐의 전체 유통량이 그 당시까지 고대에서는 도달하지 못했던 정도로 크게 증가하여 화폐경제가 성장했다. 아테네의 경제 생활에서 일어난 이 변화가 기본적으로 정치적인 조건에 따른 결과였다는 사실은 당시의 문헌에서도 확인된다. 펠로폰네소스 전쟁의 초기에 등장한 아리스토파네스의 희극들은 이러한 관계를 반영했다.[38] 동시에 이 작품들은 아고라에서 일어나는 정치적·경제적 관계들을 비판한다. 이들 풍자의 대상은 전형적인 '거간꾼 ἀγοραῖος'과 '주점상κάπηλος'과 같은 선동가인데, 이들은 존경받

지 못하지만 없어서는 안 될 존재가 된 상인이나 간이음식점 주인으로 확인된다.[39]

아테네의 아고라가 점점 경제적 의미를 획득한 것은, 아티카 주변 지역을 포기한 페리클레스Perikles의 전략에 따른 결과이다. 페리클레스는 자신의 사적인 가사 운영에서 새로운 경제 방식을 예견한 듯했다. "그는 자신의 1년 치 수확물 모두를 팔아버린 후 집안에 필요한 것은 모두 나중에 시장에서 하나씩 사들였다."[40] 플루타르크Plutarch의 작품에 더 자세하게 나오는 것처럼, 당시 귀족 집안의 가사 운영은 방만하기 일쑤였다. 예컨대 한때 페리클레스의 정적이었던 키몬Kimon도 정치적 목적을 위해 재산을 아낌없이 탕진했다.[41] 그런데 페리클레스는 의식적으로 이를 그만두었던 것이다. 이제 부유한 집안조차 재산을 "남김없이 다 써버리는 것"이 아니라 "모든 수입과 지출을 꼼꼼하게 따지고 정확하게 계산하게" 되었다면,[42] 이는 재산이 많은 사람이나 적은 사람이나 경제적 태도가 더 비슷해졌음을 의미하는 것처럼 보인다. 페리클레스가 보여준 경제적 방식이 새로운 것이었기 때문에 지금까지 전해질지도 모른다. 나중에 사람들은 이러한 방식의 가사 운영을 다름 아닌 '아티카식 살림살이'라고 불렀다. "왜냐하면 물건을 팔고 난 돈으로 그 자리에서 다른 것을 구입함으로써, 소규모 가계조차 비축 경제를 더 이상 추구하지 않았기 때문이다."[43]

4. 고대의 살림학

경제가 시장 및 화폐와 결합하면서, 정확하고 세밀한 계산법, 계획, 그리고 무엇보다도 절약에 대한 새 기준이 필요했다. 여기서 요구된 새로운 질적 특성을 '아크리베이아άκρίβεια'[정확성]라고 불렀다.[44] 새로운 가사 운영에 또 다른 중요한 계기가 있었는데, 이것도 플루타르크의 저작에 언급되어 있다.[45] 가사를 새롭게 운영하기 위해서는 어느 정도의 학습이 미리 필요했던 것이다. 말하자면 헤시오도스의 《일과 날》은 이러한 전제를 여러 측면에서 충족시킬 수 없었다. 이러한 요구에 따라 결국 고전적인 고대 살림학이 등장하게 되었다. 비록 '오이코노미아'를 다룬 기원전 5세기의 저술은 전해지지 않지만, 기원전 5세기 후반기에 올바른 가사 운용이 교육 대상에 포함되었음을 알려주는 일련의 언급이 있다.

유명한 소피스트도 가사를 가르쳤다. 플라톤의 저서에서 프로타고라스Protagoras는 자신의 교육 목표를 이렇게 규정한다. 곧 "집안일에 대한 훌륭한 조언이다. 곧 자신의 집안일을 가장 잘 관리하는 법을 배워야 한다. 그런 다음에 폴리스 업무로 넘어갈 수 있다. 곧 폴리스 일을 어떻게 가장 잘 다루고 토론할 수 있는지 알아야 한다."[46] 투키디데스의 따르면, 페리클레스 역시 추도연설에서 가정과 폴리스의 연관성에 대해 비슷하게 언급했다. 곧 "우리는 우리 집안의 일을 폴리스 업무와 똑같은 방식으로 처리하고 있다."[47] 여기서 비록 살림살이와 정치가 두 활동 영역으로 구분되어 있지만,

둘 다 배울 수 있는 것이고 또한 비슷한 능력을 요구한다는 점에서 서로 연관되었다. 펠로폰네소스 전쟁이 일어나기 전까지 대다수 사람은 시골의 농촌에 살았으므로 이러한 농업 사회에서 살림살이에 대한 능력을 익히고 전수했다. 하지만 이후 많은 사람이 도시로 옮겨감에 따라, 그 전통이 단절되어 실질적인 지식의 부족이 나타났다. 이것을 메우는 데 도움이 준 것이 소피스트의 가정학 교육이었다. 물론 지금은 이것 가운데 전해지는 것이 거의 없어서,[48] 그것을 재구성하는 것도 여간해서는 더 이상 가능하지 않다.

오이코노미아라는 용어가 최초로 언급되는 것과 관련해, 기원전 5세기 후반에 점차 뚜렷해졌던 논쟁이 있다. 플라톤의 《소크라테스의 변명》에 따르면, 소크라테스는 유죄 판결을 받고 난 이후에, 대다수 사람은 중요하게 여겼으나 자신은 거들떠보지 않았던 점이라면서 이렇게 말했다. "돈벌이χρηματισμός와 가사 관리[오이코노미아oikovoμία]는 물론이고, 군대 제도, 민중에 대한 연설, 다른 관직이나, 도시에 횡행하는 음모와 당파도 거들떠보지 않았다." 기원전 4세기 초에 나온 이 텍스트는 '오이코노미아'라는 개념뿐만 아니라 살림학과 관련된 결정적 개념인 '돈벌이'에 대해서도 최초로 언급하고 있다.[49] 여기에서 이미 이 두 개념은 서로 밀접하게 관련되어 있을 뿐만 아니라, 전반적으로 주로 경제적 활동과 연관되어 서술되었다. 물론 정치적 군사적 활동도 연달아 서술되고 있지만 말이다. 여기서 짚고 넘어가야 할 것은 '오이코노미아'가 그 자체로는 '경제'에 대한 종합적인 상위개념으로 쓰이지 않았지만, 또한 다른 한편으로 돈벌이와 가사 관리를 규범적으로 상반된 것으로 여기지 않았다는 점이다. 곧 소크라테스는—'많은 사람'과 달리—양자를 똑같이 등한시했다. 살림살이와 정치적 활동을 나란히 놓은 것에서 강하게 암시되듯이, 소피스트 교육은—프로타고라스에게서 확인되는 것처럼—두 분야를 대상으로 했다. 《변명》에서 소크라테스가 이 두 분야와 거리를 두었다고 했으니, 이는 기원전 5세기 후반에 지배적이었던 태도에서 그가 기본적으로 벗어나 있었음을 의미한다.

플라톤의 국가론에 관한 중요한 두 저서, 곧 《국가론Politeia》과 《윤리학Nomoi》에는 무제한 생업활동이 초래하는 부정적인 결과를 방지하기 위한 여러 방식의 시도가 등장한다. 아테네의 당시 상황에서 분명히 확인되듯이, 필수품 아닌 모든 '부수적인 물건'까지 시장에서 거래되자, 폴리스는 "풍족하고 …… 비대한" 도시로 규정되었다.[50] 이러한 경제 영역은 플라톤이 그린 이상국가와는 거리가 아주 먼 것인데, 《국가론》에서는 신분제의 생활양식 전반이 그렇듯이 생업활동도 거의 다 '감시자'의 아래에 놓이게 된다.[51] 이에 반해 플라톤은 《윤리학》에서 폴리스의 경제활동을 점차 더 상세하게 다룬다. 물론 '경제'라는 일반적인 개념을 사용하지 않고서 말이다. 곧 플라톤의 국가 내에서 거래와 생업은 오로지 경작하는 시민층의 '필요한 욕구'를 충족시키는 데 기여한다.[52]

모든 거래는 가능한 한 '소규모 거래καπηλεία'*로 제한되고, 오로지 외부인을 통해 이루어진다.[53] 시장 교역은 아주 엄격한 국가의 통제 아래 놓이고 모든 상품의 가격은 전문가의 평가를 근거로 하여 당국이 정한다.[54] 곧 거래와 생업에 종사하는 사람은 시민단의 관리인에 불과하기 때문에, 일정한 양의 수익을 넘어서 재산을 그 어떠한 형태로든 축적하는 것은 불가능하다.

플라톤은 '돈벌이'에 엄격한 제안을 두고자 했는데, 이러한 생각을 바탕으로 《윤리학》을 저술했다. 시민을 가능한 한 '행복하고 εὐδαιμονέστατοι', 서로를 '친밀하게φίλοι' 만들고자 하는 의도였다. 경제적 이해의 당사자들을 무턱대고 억압할 때에는 필연적으로 법적인 대립이 나타날 수밖에 없는데, 이는 플라톤의 목적에 위배된다. 그러므로 '재산에 대한 근심χρημάτων ἐπιμέλεια'이 윤리적 가치 기준에서 가장 낮은 위치에 놓인다.[55] 이러한 평가는 《변명》에서 소크라테스가 '돈벌이'와 '오이코노미아'를 등한시한 것과 완전히 일치한다. 의심할 바 없이 이것은 기원전 5세기 이후 경제적 발전이 완전히 거꾸로 되돌아간 것에 대한 반응이다. 그리고 바로 이러한 거부감을 유지했다는 점에서, 우리는 플라톤이 구체적인 경제적 현상에 대한 식견을 갖고 있었음에도 불구하고[56] 왜 경제적 거래를 전반적으로 자기 철학의 본질적인 대상으로 삼지 않았는지를 이해할 수 있다.

* [옮긴이] 이 단어에는 '착취'라는 의미가 포함되어 있다.

플라톤에 비하면 아리스토텔레스는 '오이코노미아'를 체계적으로 규정하는 데에까지 나아갔다. 이것은 아리스토텔레스의 사회이론, 곧 '실천철학'[57]의 틀에서, 나름 하나의 학문ἐπιστήμη이었다. 하지만 아리스토텔레스의 살림학은 실천철학의 두 핵심 분야, 곧 정치학과 윤리학에 비해 텍스트의 분량이 훨씬 더 적을 뿐만 아니라, 그것이 정치적이고 윤리적인 전제에 따라 규범적으로 결정된다는 점에서 내용적으로도 한계가 있다.

아리스토텔레스가 이렇게 살림학을 정치학에 종속시킨 것은 그가 '오이코스'와 '폴리스'의 관계를 이해하는 방식 때문이다. 플라톤과 달리 그는 이 두 가지 '공동체κοινωνία' 형태 사이의 본질적 차이를 강조하고 정치학과 살림학을 체계적으로 차별화했던 근거도 바로 거기에서 찾았다.[58] 그렇지만 다른 한편으로 개개인의 가사 관리는 여전히 정치공동체의 필수 요소였고, 아리스토텔레스도 '오이코스' 내의 관리 형태과 다양한 국가체제 사이에서 유사성을 발견했다. 그럼에도 불구하고 그는 집안의 관리와 '폴리스 권력 πολιτικὴ ἀρχή' 사이의 원론적인 차이를 주장했는데, 곧 '폴리스'의 차원에서는—'오이코스'에서와 달리—지배하는 사람과 지배를 받는 사람이 대부분 서로 교체된다는 점이다.[59] 아리스토텔레스는 집안의 다양한 사회적 관계에 따라 '오이코노미아' 내부를 세 부분으로 구분했다. 곧 노예를 '지배하는δεσποτική' 관계, 가장과 부인 사이의 '혼인γαμική' 관계, 그리고 자식과 맺는 '아버지 πατρική' 관계이다. 아리스토텔레스가 언급하기 전까지 후자의 두 관계에 대한 개념은 없었다.[60] 이에 덧붙여, 살림살이의 4번째 분야인 재무財務(χρηματιστική)가 등장한다. "여러 사람들의 생각에 따르면 바로 여기에서 가정관리학 전체가 유래하고, 또 다른 사람의 생각에 따르더라도 최소한 그것의 대부분이 생겨난다."[61]

이에 대한 논쟁이—노예제에 대한 설명과 함께—아리스토텔레스 살림학에서 가장 많은 분량을 차지한다. 여기서 핵심은 '돈벌이 기술χρηματιστική'이 '살림학οἰκονομική' 기술에 속하는 것인가 하는 문제인데, 더 구체적으로 말하자면 그것이 '오이코노미아'의 한 부분인지 혹은 더 나아가 그것과 동일한 것인지 하는 문제이다.[62] 아리스토텔레스는 자연에 합당한 벌이 방식, 곧 '안락한 삶τὸ εὖ ζῆν'에 필요한 것을 목적으로 하는 방식과 자연에 반하는 돈벌이, 곧 그것의 가장 나쁜 형태인 이자놀이 사이에 구분을 가했다.[63] '오이코노미아'에 속하는 것으로 그는 오로지 자연에 합당한 벌이를 들었는데, 거기에는 수렵(전쟁을 포함하여)말고도 무엇보다도 농업이 속하며, 또한 필요한 물품에 한해 물물을 교환하는 것도 그에 속한다. 그런데 물물교환에서 화폐 사용의 필요성이 나왔고, 결국 '상업적인 것τὸ καπηλικόν'이 발전하고 말았다.[64] 이것은 돈벌이Chrematistik에 속하고, 아리스토텔레스는 그것을 부정적으로 평가했다.[65] 이로써 그는 아테네에서 기원전 5세기 후반부터 시장의 중요성이 커지면서 나타났던 그런 식의 경제관계를 특히 거부했다. '오이코노미아' 개념을 그렇게 좁게 사용함으로써 자기 시대의 경제적 사회적 현실이 그것으로부터 이탈했음을 그는 밝혀주었다.[66] [한마디 덧붙이자면, 아리스토텔레스는 스스로 정치공동체와 가정공동체 사이에 근본적인 구분을 했음에도 불구하고, 재정의 수익원을 개발한다는 점에서는 '오이키아oἰκία'*과 '폴리스' 사이에 원칙적 차이를 두지 않았다.] 어찌되었거나 실제로 '정치를 하는 것πολιτεύεσθαι'은 돈벌이와 '수입πόροι'의 문제로 자주 귀결된다.[67] 요컨대 아리스토텔레스도 살림살이라는 개념(또한 여기서는 돈벌이 개념까지)을 정치적 영역으로 전이시키는 데 반대하지 않았다. 물론 단지 경험적인 의미에서만 그러했다.

아리스토텔레스는 '오이코노미아'의 개념을 규범적으로 제한하여 사용했기 때문에, 폴리스 공동체와 무관한 독자적인 경제적 거래를 살림살이와 연관시켜 분석하려는 생각을 전혀 떠올리지 못했다.[68] 《니코마코스 윤리학》에서 '시정是正(τὸ ἀντιπεπονθός)'**의 문제를 다루고 있는 구절도,[69] 물물교환의 이론이나 혹은 심지어 시장경제의 이론으로 오해받을 소지는 없다. 여기에서 아리스토텔레스는 물건의 교환을 시정是正의 한 사례로 들었다. 물건을 교환하는 사람들 사이에는 공통된 척도를 바탕으로 동등성이 회복되어야 하는데, 그 척도가 '욕구χρεία'에 바탕을 두고 보편적인 '매개물μέσον'인 '화폐νόμισμα'로 표현될 수 있어야 한다. "물론

---

* [옮긴이] 구태여 번역하자면 오이코스는 '집'에, 오이키아는 '가정'에 가깝다.
** [옮긴이] 아리스토텔레스는 배분적 정의와 시정적 정의를 이야기했다. 배분적 정의란 한정된 재화를 사람들에게 공정하게 나누어주는 것을 뜻하고, 시정적 정의는 상거래가 이루어질 경우 어느 한쪽이 손해를 볼 수밖에 없는데 그럴 경우에 공정한 방식으로 보상을 하여 정의를 이루는 것을 의미한다.

그렇게 아주 다양한 물건들을 동일한 척도에 따라 실제로 측정한다는 것은 불가능하지만, 욕구의 문제로 환원하면 이것이 충분히 실현될 수 있다."[70] 이에 대해 마르크스는, 아리스토텔레스가 가치형태를 최초로 분석했지만, 인간 노동의 동일성에 대한 개념을 갖고 있지 않았기 때문에, 또한 그래서 "그렇게 다양한 형태의 물건이 실제로 교환이 가능한 것으로" 보지 않았기 때문에, 그 점에서 실패했다고 지적했다.[71] 사실 아리스토텔레스도 물물교환과 관련해 분명 교환당사자의 사회적 불평등을 확신하고 이렇게 말하기도 했다. "마치 농민이 제화공과 다르듯이, 제화공의 생산물도 농민의 생산물과 다르다."[72] 이러한 방식으로는 자유로운 시장교역의 이론에 논거를 제공할 수 없었는데, 시장경제에서는 판매자와 구매자의 사회적 신분이 어떠한 역할도 해서는 안 되기 때문이다. 다른 한편으로 교환가치에 대한 이러한 고찰이—부수적이긴 하지만—이루어졌다는 것은 시장관계의 중요성이 고전기 폴리스에서 그나마 커졌다는 표시였다.

고대의 살림학은 아리스토텔레스가 이론적으로 고찰한 수준을 넘어서지 못했다. 아리스토텔레스는 정치학과 윤리학에서 규정한 '오이코노미아'의 개념을 제한함으로써, 경제를 어느 정도 자율적인 행동 영역으로 이해하는 법을, 곧 18세기에서야 비로소 알려졌던 방식으로 이해하려는 시도를 막았다. 물론 고대의 살림학 전통은 아리스토텔레스의 이론에 의해서가 아니라 경험과 실천이 밀접하게 결합된 문헌에 의해 이어졌는데, 크세노폰의 《가정론

Oikonomikos》이 대표적이다. 이 문헌에 담긴 '오이코노미아' 개념은 일상의 인식에 더 강하게 기반하고 있었다. 곧 이 개념은 한편으로 플라톤과 아리스토텔레스 저작에서처럼 그렇게 아주 규범적으로 제한되지 않지만, 다른 한편으로 분석적 잠재력은 오히려 더 부족하다.

크세노폰은 《가정론》에 나오는 대화*에서 '오이코노미아'를 "사람들이 자기 가정의 활동을 확대할 수 있도록 도와주는 특정한 학문의 명칭"[73]으로 이해했다. '오이코스'의 확장과 '증가αὔξειν'라는 측면은 한편으로 이미 호메로스가 사용한 용어인 '집의 증가 οἰκωφελίη'에 포함되었던 개념의 요소이기도 하지만, 다른 한편으로 이 요소는 플라톤과 아리스토텔레스 저작에서는 가능한 한 억제되어 '오이코노미아'가 '돈벌이'로 변질되지 않도록 했다. 크세노폰에게서도 '오이코스'의 증가는 이익의 무제한적인 극대화를 의미하지 않았다. 살림살이란, 무엇보다도 귀족이 추구하는 이상형καλοκἀγαθία**의 행동 규범을 가장 강하게 증진시키던 '농업 γεωργία'과 동일시되었기 때문에, 윤리적인 틀 안에 구속되어 있었다.[74] 다른 한편으로 크세노폰은 플라톤과 아리스토텔레스보다 농업의 상업화 경향에 더 관대했다. 크세노폰의 《가정론》에 따르면, 그저 나중에 되팔아 차익을 크게 볼 요량으로 미개간지 혹은 척박한 경작지를 싼값에 사서 경작하는 방식에 대해 소크라테스

---

* [옮긴이] 소크라테스와 그의 친구 아들인 크리토보울루스Critoboulus 사이의 대화를 말한다.
** [옮긴이] 보통 신사紳士로 번역된다.

가 비록 빈정거리긴 하지만 결코 비난하지 않았다.[75] 그렇다고 이러한 살림살이의 상업적 측면이 크세노폰 책에서도 전면에 등장한 것은 아니다. 《가정론》의 대화에서 핵심부분은 오히려—이미 헤시오도스에서와 마찬가지로—한편으로 '오이코스'에 존재하는 사회적 관계를, 다른 한편으로 농업의 실제적인 측면을 다룬다.

5. 카토Cato와 키케로Cicero가 수용한 그리스 살림학

로마의 농업저술가는 그리스의 살림학으로부터 무엇보다도 농업의 관행에 대한 묘사를 수용했다. 그래서 크세노폰, 플라톤, 아리스토텔레스의 저작에 비해, 현재 전해 내려오는 라틴어 전문 서적에서는—요컨대, 카토, 바로Varro 그리고 콜루멜라Columella의 저서에서는—'살림살이'에 대한 이론적인 내용과 그와 연관된 윤리적인 문제에 관한 언급이 아주 많이 줄어들었다. 카토의 《농업론 De agricultura》 서문praefatio과 같이 이 문제들을 직접 거론하는 곳에서조차, 윤리적 가치판단은 그리스 저자들과 거의 다르지 않다. 곧 '좋은 농부bonus agricola' 및 '좋은 경작자bonus colonus'는 '좋은 사람vir bonus'과 동일시되었다. 농업에 바탕을 둔 직업이 "가장 정직하게 돈을 버는 것이며 가장 안정되고 …… 혐오감이 가장 적은 것maximeque pius quaestus stabilismusque …… minimeque invidiousus"으로 가장 높게 평가되었다. 카토는 '상인mercator'도 근면하고 열

성적인 사람으로 여겼다. 다만 그가 보기에, 이러한 직업의 결정적인 단점은 거래의 높은 위험성이었다. 이에 반해 '대금업자 fenerari'에 대한 평가는 아주 부정적이었다. 대大카토maior의 눈에는 이들의 일이 도둑질보다 갑절은 더 나쁜 일이었다.[76]

기본적으로 키케로의 《의무론De officiis》에서도 동일한 평가를 찾아볼 수 있다. 이와 동시에 이 책에서는 카토가 '상인'이 어떤 식의 거래를 행한다고 생각했는지를 분명하게 보여준다. 키케로는 돈벌이 방식을 '명예로운 것liberalis'과 '더러운 것sordidus'로 나누는데, 그가 삼은 이러한 구분의 기준점은 당시 사회의 지배적인 견해였다. '더러운 것'에 속하는 것은 우선 세금징수업자와 대금업자이고, 기본적으로 노예였던 임금노동자 모두가 그 뒤를 이었다. "상인mercatoribus에게서 바로 되팔 욕심으로 물건을 사는 사람도 더러운 사람으로 취급되었다. 왜냐하면 돈을 벌려면 이들이 거짓말을 크게 떠벌리지 않을 수 없었기 때문이다."[77] 또한 모든 '노동자opifices', 그리고 마지막으로 "쾌락voluptates"을 제공하는 모든 직업군, 곧 "생선장수, 고기장수, 요리사, 닭고기장수 그리고 어부"[78]도 이에 속한다. 이와 반대로 정의로운 직업인으로—최소한 그러한 '신분ordo'에 걸맞은 명예로운 직업으로—그는 의사, 건축, 법률 종사자를 꼽았다. "그렇지만 거래는 그것이 소규모이면 천한 것으로 간주되어야 하지만, 그것이 온갖 지역에서 많이 가져와 많은 사람에게 끊임없이 나누어줄 정도로 거대하고 광범위한 것이면, 그것을 크게 비난할 수 없다." 또한 거래이익이 결국에는 농업 소유로 변화하게 되면 어쨌거나 그것도 칭찬받을 일이었다. "그렇지만 무엇보다도 그렇게 해서 얻은 소득일지라도 농업보다 정녕 좋은 것도 없고, 더 크게 버는 것도 아니며, 더 안락한 것도 아니니, 인간에게, 자유로운 남자에게는 명예로운 바가 전혀 아니다."[79]

근대까지 줄곧 언급되었던[80] 이 키케로의 구절은 고대의 지배엘 리트층이 경제적 행위에 대해 어떠한 생각을 갖고 있었는지를 여러 측면에서 대표적으로 보여주는 대목이라고 할 수 있다. 이와 동시에 여기에서 분명히 드러나는 것은 플라톤과 아리스토텔레스가 '오이코노미아'라는 개념을 규범적으로 제한하여 사용함으로써 얼마나 지배적인 시각에서 여전히 벗어났던가 하는 점이다. 왜냐하면 이들은 거래가 오로지 '소규모 거래καπηλεία'여야 함을 밝혔기 때문이다. 첨언하자면, 고대 전 시기에 걸쳐 살림살이 개념은 비교적 불변하는 사회적 규범에 구속되어 있었다. 고대에 이해한 바로는, '오이코노미아' 혹은 다른 그 어떤 개념도 각각 개별적인 단위의 경제활동을 총칭하는 개념이 되지 못했다. 그러므로 고대가 비록 그 용어를 근대에 전해주고 살림살이 활동에 대한 여러 가치판단으로 큰 영향력을 끼쳤지만, '단 하나의' 살림살이 개념을 전해준 것은 아니었다.

페터 슈판Peter Spahn

페터 슈판 Peter Spahn(1946~)

1973년 쾰른대학에서 박사학위를 받은 후 빌레펠트대학에서 교수자격시험에 통과하여 그곳에서 1983년에 정식 교수로 임명되었고 1988년 베를린자유대학으로 옮겨 2009년 퇴임할 때까지 그곳에서 재직했다. 고대의 경제사회사에 대한 여러 연구 업적을 남겼다.

중세

CHAPTER III

Mittelalter

III. 중세

1. '집'의 중세적 개념

●●● 　　　고대에 이미 그랬던 것처럼, 중세에도 '집'은
"모든 농촌 및 농촌귀족의 문화에서 기본적인 사회구성물", 곧
'유럽적 사회구조의 토대'였다.[81] 고대에서와 마찬가지로, 집이란
물질적이며 인간적인 관계를 포함한다. 그러므로 중세에서도 집
에 관련된 살림살이 혹은 살림학은 가내경제의 영역을 반영할 뿐
만 아니라, 다양한 법적·윤리적·종교적 규범을 제시한다. 집에 대
한 관념은 여전히 세계관에 토대를 두고 있는데, 이제 그 세계관
으로 기독교의 창조론이 등장했다.[82] 사회질서에 대한 모든 사고
가 그러하듯이, 살림학은 실제를 지향하며, 인식을 추구할 때 그
자체의 의도가 아니라 올바른 행동의 관점을 고려한다.[83] 이 점에
서 살림학은 질서ordo에 대한 전근대적인 모든 사상의 기본 입장
을 대변한다. 곧 불평등한 것을 화목하게 협조하도록 함과 동시에

바로 불평등을 통해 조화를 이루는 것이다.[84] 집은 "구성물의 차별성에 바탕을 두고 있고", 마치 신이 우주를 하나의 전체로 합치듯이, "집주인의 지도력을 통해 하나로 통일되는 전체이다."[85]

'집'이라는 개념은 여러 차원을 보여주는데, '총체적 가정ganzes Haus'('tota domus', 'universa domus')라고 말할 때는, 이 여러 차원이 서로 연관된 전체를 가리킨다.[86] '집'이라는 개념은 (1) 공간적 물질적 의미를 갖고 있으며, 요컨대 '건물', '주거'('habitaculum'), '확실하고' '확고한 거주지'('certa habitatio')를 뜻한다.[87] 이와 연관되어 (2) 인간적이고 사회적인 의미가 추가되는데, 곧 '한 집안에 속하는 인간집단', 곧 '가족'으로 규정되는 한 집단이 '한 지붕 밑에서' 사는 집이라는 의미이다. '가족'은 여기서 이들 전체 구성원을 뜻할 뿐만 아니라, 그들의 일부, 더 정확하게 말하면 좁은 의미의 가족(부모, 자식 그리고 가까운 친족, 핵가족, 혈통가족)뿐만 아니라 그 집안에 종사하는 사람들(하인) 전체도 가리킨다.[88] 그 다음 '집'이라는 개념에는 (3) 이러한 인간집단의 공생에 필요한 경제적 토대가 포함된다. 곧 가사에 속한 모든 것, 다시 말해 '가재도구'와 전반적으로 모든 재산substantia, 가족재산res familiares이나 집안살림res domesticaes, 또한 나름대로 '가정domus'이라고 규정될 수 있는 것도 포함한다.[89] 마지막으로 이 '집'의 개념에는 종종 (4) 통시적 측면도 들어 있는데, 이는 집에 거주하는 집단이 공동의 조상을 모신 친척으로 구성될 경우이다. 요컨대 '가문'을 형성할 경우, 가령 '혈통genus', '가계家系(stirps)' '혈족progenies', '문중prosapia',

'족벌genealogia', 또한 '가족familia'과 '집안domus'으로 불릴 수 있다.[90]

말하자면 '가정'과 '가족'의 중세적 개념은 가정 전체뿐만 아니라 그것의 일부 혹은 일면을 각각 다르게 의미한다. 근대적인 사유, 특히 학문적 사유에서는 이것이 낯설게 보이지만 전근대적인 사회 용어에서는 하나의 특징으로,[91] 그래서 '집'의 개념을 여기처럼 사료 및 연구의 개념으로 다루기가 어렵다. 게다가 넓은 의미에서 실제 '집'을 가리키는 단어들, 예를 들면 왕이나 황제, 주교와 교황의 '집'을 가리키는 '궁정curia'이나 '대궐palatium'과 같은 용어도 있었다.

2. '집,' '살림살이'('살림학'), '보살피는 일wirtschaft'의 용어 및 개념의 역사

가. '집', '가정', '가족familia'

위에서 언급한 '집'의 공간적·물질적·사회적 차원을 중세 초에 세비야의 이시도루스Isidor von Sevilla*가 이렇게 정리했다. "마치 도시가 한 민족이 사는 곳인 것처럼, 집domus은 한 가족이 사는 곳이다. …… 한편 집은 또한 일족, 가족 혹은 남편과 부인의 결합을

---

* [옮긴이] 성직자인 세비야의 이시도루스(영어명 Isidore of Seville, 560?~635?)는 대주교를 역임했는데 그 쓴 《어원학》과 편찬한 《어원백과사전》은 중세에 널리 읽혔다.

의미하기도 한다. 집domus은 이 두 사람으로a duobus 시작되며 그 말은 그리스어에서 나왔다. 가족familia이란 합법적으로 태어난 자유로운 부모의 자식으로 구성되며 femur(허리)라는 단어에서 기원한다. genus라는 단어는 자식을 낳다(gigno)라는 단어와 후세를 낳다(progigno)라는 단어에서 유래하거나, 또는 몇몇 후손의 정의에서 나온 것이다Domus unius familiae habitaculum est, sicut urbs unius populi. ⋯⋯ Est autem domus genus, familia sive coniunctio viri et uxoris. Incipit autem a duobus, et est nomen Graecum. Nam familia est liberi ex liberis legibus suscepti, a femore. Genus aut a gignendo et progenerando dictum, aut a definitione certorum prognatorum." 9세기 중반에 왈라프리트 슈트라보Walahfrid Strabo*는 '집'을 "한 지붕 밑에서 사는"92 가족familia 전체의 공동체domus familiae totius sub uno tecto commorantis consortium라고 규정했다. 요컨대 중세 초기에는 '집'이나 '가족'의 개념이 내용상 명확하고 분명하게 정해졌다는 것인데, 이는 카롤링거 시대의 법조문에 이미 가정에 대한 윤리적 규범이, 말하자면 남편과 부인, 부모와 자식의 상호 의무가 들어 있었다는 점에서 분명하게 드러난다.93

---

* [옮긴이] 독일 슈베벤 출신의 베네딕트 수도사(808?~849)로 라이헤나우Reichenau 수도원장을 지냈고 '사팔뜨기 왈라프리드'라고 불리었다. 카롤링거 르네상스 시대에 활동했던 시인이자 원예학자로 많은 글을 저술했는데, 대표적으로 〈교회 관찰에서 드러난 어떤 일들의 시작과 성장De Exordiis et Incrementis quarumdam in Observationibus Ecclesiasticis Rerum〉이 있다. 기존의 신학자들이 남긴 성서 해석서를 종합적으로 정리한 《성서주해서Glossae ordinariae》는 중세에 성서의 교과서로 통했다.

중세 초기에 '집'이라는 개념과 단어에는 두 가지 생각이 합쳐졌다. 곧 하나는 게르만족 세계에서 나온 생각이고, 다른 하나는 고대 세계에서 전승된 것을 기독교가 부분적으로 강조점을 달리하여 전달해준 관념이었다.[94] 독일에서 가장 이른 시기의 주해와 텍스트에는 집에 속하는 사람을 'híwun'라는 단어로 표시했는데, 이 용어는 그리스어 '오이코스'와 라틴어 '가정' 혹은 '가족'과 똑같은 의미를 갖고 있었음에 틀림없고, 부부와 그들의 자식 그리고 하인까지를 가리켰다. 이에 관련된 조어造語로는 '가정', '가계'를 뜻하는 'híwisca'와 'híwiski'('híwisch')가 있었는데,[95] 예컨대 '왕의 가족familia Caesaris'('궁전 노예'라는 의미)이라는 단어가 그러했다.[96] 그러므로 중세 초기에 라틴어 '가족'이라는 단어는 장원의 집에 소속되어 예속mancipia되었던 개별적인 농노의 가족까지 의미할 수 있었다.[97] 마찬가지로 '왕의 가족familia regalis', (풀다Fulda 수도원의) '성 보니파시오 가족familia Sancti Bonifatii',* (보름스Worms 주교좌의) '성 베드로 보름스 가족familia Sancti Petri Wormatiensis'라는 단어[98]도 대지주(왕, 수도원, 주교)의 농노 전체까지를 지칭했다.

중세 초기의 독일어에서 이미 'hūs'(집)라는 단어도 모든 개별적 의미들('건물', '주거', '가족', '성(姓)')[99]과 결합하여 수많은 합성어,

---

* [옮긴이] 독일 지역에서 전도활동을 하여 '독일의 사도'로 불린 보니파시오의 이름을 딴 수도원으로 풀다 지방에 있었다.

곧 한편으로는 주택과 연관되거나('goteshūs',* 'alamousanhūs'**) 다른 한편으로 사회적 집단이나 전체, 예컨대 '가주pater familias'를 뜻하는 'hūseigo', 'hūsherro' 그리고 'hūswirt', 안주인mater familias을 뜻하는 'hūseiga', 가정의 '동거자' 혹은 가정공동체domesticus의 '구성원'을 뜻하는 'hūsginoz', '하인'을 뜻하는 'hūsscalc'과 같은 명칭을 만들어냈다.[100] 중세 중기 독일어에서는 'hus'와 결합된 어휘가 이를 이어받았는데,[101] 이때 새로운 의미가 많이 포함되었다. 곧 'hūsēre'('집안 명예')라는 단어를 주목할 수 있는데, 이 단어의 뜻은 가정에서 지켜온 활수滑手와 환대, 그리고 또한 가정의 안전과 평온함을 뜻했다.[102] 또 다른 단어로는 '집안 평화'('hūsvride')가 있었는데, 이 단어에는 현재 통용되는 의미가 이미 담겨 있었다.[103] 중세 중기 독일어인 'hūsgenōz'('집안 공동거주자')라는 단어는 (말하자면 'übergenōz'***라는 단어와는 반대로) 동등한 '한집안 식구'를 의미할 수도 있었는데,[104] '가속 하인' 혹은 다른 '남자 종'과 '예속인', 특히 '세입자'도 포함했다.

나. '살림살이Oeconomia', '살림학Oeconomica', '살림꾼Oecomomus'
집의 여러 차원에서 다시 '살림살이'라는 개념을 접하게 된다. 살림살이란 가정의 질서, 그것의 관리, 가정 내에서 물품의 분배를 가리킨다. '살림살이'는 그것의 고대 개념인 가계 및 재산관리cura rerum

---

* [옮긴이] 신전Gotteshaus이나 교회를 뜻한다.
** [옮긴이] 구제소Almosenhaus, 순례소 등을 뜻한다.
*** [옮긴이] 위력자를 뜻한다.

doemsticarum에 해당하는—신약성경과 교부가 정한 개념인—관리dispensatio와 조절dispositio이다.[105] 이것을 행사하는 주체는 '가주dominus'(pater familias)나 혹은 그의 위임을 받아 일하는 관리자인 '살림꾼oeconomus'이다. 투르의 그레고리우스Gregor von Tours가 "집을 보살피는 것은 하인들에 대한 관리나 농토를 관리하거나 포도밭을 경작하는 것이다cura domus, id est sive correctio familiae sive exercitio agrorum sive cultus vinearum"[106]라고 말했던 바도 바로 그러한 의미이다. '살림살이'란 중세에 '집안일의 안정'과 그에 대한 '보살핌'으로서(ordo rerum domesticarum, cura rei familiaris, ordinatio familiaris), 곧 '가속의 임무'와 '의무', 그리고 이에 대한 '관리'(officium rei familiaris, regimen domus, regimen domesticum)로서[107] 이 단어는 이중적인 의미에서 일종의 기술ars로 통했다. 이것은 한편으로 일정한 규칙에 따라 이루어지는 활동이며 동시에 체계적으로 정돈된 지식, 곧 그런 규칙에 대한 가르침(ars dispensativa, scientia dispensativa, scientia disponendi domum et familiam, ars oeconomica)이다. 다른 한편으로 이것은 동시에 실천철학과 윤리학의 일부, 다시 말해 분배철학, 즉 살림학의 철학이다(phiosophia dispensativa, philosophia oeconomica).[108] 이와 관련해서 중세 초기에는 '살림학'의 형용사 형태가 자주 통용되었지만, 나중에 아리스토텔레스 책이 재발견되자, 13세기 이후에는 그 명사형인 '살림학'('Ökonomik', 'oeconomica' 혹은 'yconomica')이란 단어가 나타났다.[109] 뱅상 드 보베Vinzenz von Beauvais는 1250년 무렵에 그것을 이렇게 정의했다. "살림학은 가솔을 현명하게 부리고 조정하는 것뿐만 아니라 집안일 또는 집안 재물을 신중하게 처리하고 관리하는 것이므로, 이러한 지식 또는 기술은 두 부분으로 나뉘어져 있다고 할 수 있다. 그리고 그 중에 자신의 가솔 또는 집안사람에 관한 부분은 네 가지 사항을 포함한다. 그중 첫째는 부부 상호간의 유대와 애정에 관한 사항이다. 둘째는 자녀 교육에 관한 사항이다. 셋째는 노예들의 관리에 관한 사항이다. 넷째는 친지의 공대에 관한 사항이다. 집안 재물의 관리에 관한 부분 역시 네 가지 사항을 면밀히 고려한다. 즉 첫 번째 고려사항은 영리하고 충실하게 재물을 획득하는 일에 관한 것이다. 두 번째는 재물을 조심스럽게 보존하는 일에 관한 것이다. 세 번째는 재물을 신중하게 관리하는 일에 관한 것이다. 그리고 네 번째는 빚을 지지 않는 것에 관한 것이다quoniam oeconomica non solum familiam sapienter regit atque componit, verum etiam res familiares sive domesticas prudenter administrat et ordinat sive disponit; huiusmodi scientia vel ars videtur esse bipartita: et illa quidem eius pars, quae propriam familiam sive personas familiares respicit, quatuor particulas comprehendit. Quarum prima est de mutua societate et amore coniugum. Secunda de educatione filiorum. Tertia de regimine servorum. Quarta de cultu amicorum. Illa quoque quae ad domesticarum rerum dispositionem specta quatuor nihilominus considerat. Prima namque consideratio eius est in rebus solerter ac fideliter acquirendis. Secunda in eis caute conservandis. Tertia in eis prudenter dispensandis.

Quarta vero in debitis non contrahendis."[110] 그리스어로 쓰인 가장 오래된 구약성경에서 궁정의 고위관리를 뜻하던 '오이코노모스 οἰκονόμος'라는 단어가 라틴어로 된 불가타 성경에서는 가정관리인praepositus domus, 감독자praefectus, 집사dispensator domus로 나온다(열왕기 상, 제4장 5절, 제16장 9절, 제18장 3절, 열왕기 하 제18장 18절 참조).[111] 히에로니무스Hieronymus는 영리한 청지기에 대한 비유를 번역하면서(루가복음 16장 1절), '오이코노모스'라는 단어를 '집안 전체universa domus'를 책임지는 관리자라는 의미로 옮겼다.[112] '청지기oeconomus'라는 직책은 이전에 이미 교회와 관련된 분야에서 등장했다.[113] 9세기 초에 카를 대제의 궁정에서 일하던 발라 백작Graf Wala은 '황제 아래의 일인자secundus a caesare'로서 집안 전체의 관리자echonomus totius domus 역할을 맡았다.[114] 대주교인 부르노 폰 쾰른Bruno von Köln의 일생을 정리한 그의 제자이자 최측근 대변자vicarius였던 폴크마Folcmar(969년 사망)는 부르노를 쾰른 교회의 '대리자이자 관리자protus et iconomus'라고 규정했다.[115] 오이코노모스를 가족familia 구성원의 노동과 비용을 관리하는 집사dispensator와 관리자gubernator familiae로 간주했던 이러한 생각에서, 12세기 이후 관면寬免(Dispensation, Dispens)에 대한 교회법상의 개념이 발전했다. 이는 보통법ius commune*의 예외가 되는

---

* [옮긴이] 원래 로마시대에 제국이 팽창하면서 여러 민족의 다양성을 포함한 통일적인 법이라는 데에서 명칭이 유래했으나, 여기서는 대략 14세기 이후 로마 전통의 시민법과 교회법을 한꺼번에 수용하여 통합적인 법률체계가 이루어진 것을 의미한다.

권리를 개개인에게 분배한다는 의미로, 말하자면 특정 사안에 대해 법조항의 효력을 무효화시킨다는 뜻이다.[116]

다. '보호자Wirt'와 '보살피는 일Wirtschaft'

고전기 그리스어에서 집주인을 부를 때 부인과 자식은 가장κύριος, 노예는 주인δεσπότης이라고 호칭했던 반면, 그리스어 성경에서는 집주인οἰκοδεσπότης이라는 단어가 사용되었다. 이것이 불가타 성경에는 가주pater familias로 표시되었다. 이에 대응하는 용어로 루터가 택한 것은 '가장Hausvater'이었다.[117] 중세 초기와 중기 독일어에서 그것을 뜻하는 단어는 '보호자wirt'였는데, 이것은 '돌보는 사람'이라는 뜻과 거의 같다.[118] 곧 보호자란 누군가에게 관심을 쏟고 그를 돌보아주는 사람이었다. 중세 초기의 독일어에서 이 단어는 '가장'과 '남편'을 의미했고, '피보호자wirtun'라는 단어는 '부인', '여주인', '안주인'을 의미했다.[119] 게다가 중세 중기의 독일어에서 '보호자wirt'는 (손님과 대비되는) '집주인' 혹은 '성주'이기도 했고, 그렇지만 동시에 '군주', '통치자', '영주'도 뜻했다. '집의 보호자hūswirt'는 가장이라는 뜻으로 집주인 혹은 집소유자, 집 관리자 그리고 가계의 전담자, 그리고 남편이라는 뜻을 포함했다.[120] 신은 하늘의 주인himelwirt이고 악마는 지옥의 주인hellewirt이다.[121] 중세 중기 독일어에서 'wirtschaft'*는 일반적

* [옮긴이] 나중에 경제라는 뜻이 되는 단어이다.

으로는 '집주인의 일'을 가리켰지만, 특히 '돌보는 일'과 그에 속하는 모든 것, 말하자면 '식사대접'과 '연회'와 같은 일도 포함했다.[122] 요컨대 '보살피는 일Wirtschaft'라는 단어는 '가계 및 재산 관리cura rerum domesticarum'로서 '살림살이oeconomia'라는 개념에 조응한다.

3. 중세의 '집'과 '살림살이'('살림학')

가. 기독교, 고대 교회, 중세 초기 및 절정기에서 '집'과 '살림살이'

구약성서에는 현숙한 부인mulier fortis에 대한 칭찬과 그녀가 '가정 domus'과 집안사람에 대한 걱정(잠언 31장 10절에서 31절), 혹은 집회서 7장 20절부터 28절 사이에 나오는 (부모, 부인, 자식, 노예, 가축에 대한 행동에 관한) '집안 규율'이 존재하지만, 이들 텍스트가 중세에 사람들이 '집'과 '살림살이'를 어떻게 생각했는지를 밝히는 데는 그다지 중요하지 않다. 그보다 더 중요한 것은 신약성경에 나오는 '가주 paterfamilias'와 '집주인dominus'에 대한 비유들이다. 마태복음 20장 1절부터 나오는 구절(포도원의 품꾼), 마가복음 12장 1절부터 나오고 또 마태복음 21장 33절부터 나오는 구절(사악한 경작자), 그리고 마태복음 25장 14절(달란트 비유) 및 마태복음 24장 45절부터 나오는 구절들이 바로 그것이다. 맨 후자는 신실하고 슬기로운 '종servus'에 관한 이야기로, 가주이자 집주인은 그에게 집안일과 가족을 맡겨서, "그들이 필요로 하는 것을 제때에 챙겨주도록 했다." 이 비유와 연관되어 바울은 자신의 사제직을 '살림살이οἰκονομία'(dispensatio)로 이해했고,[123] 공동체나 교회를 '주님의 집domus Dei'이라 정했다(고린도전서 3장 9절에서 17절, 에베소서 신자에게 보낸 서한 제2장 19절부터). 여기를 보면, 수태고지를 이해시키기 위해 가정을 묘사한 그림과 개념이 신약성서에 얼마나 많이 이용되었는지를 알게 된다. 동시에 이것은 초기기독교 시대에 가정공동체나 가정교회(고린도전서 16장 19 절: "가정처럼 구성된 교회ἡ κατ'οἶκον ἐκκλησία"(ecclesia domestica))의 실질적인 의미와 부합했다. "나름의 질서와 확고한 규정을 갖춘 가정공동체는 공동체 전체 혹은 교회 전체의 축소판 모형으로 기능한다."[124] 나중에 신약성서에 '가훈표家訓表'라고 명명되었던 것도 여기에 큰 영향력을 행사했다(고린도전서 3장 18절에서 4장 1절까지, 에베소서 5장 22절에서 6장 9절까지, 베드로 전서 2장 18절에서 3장 7절까지).[125] 이들 구절은 헬레니즘 시대의 윤리에 기대어 가정을 남편과 부인, 부모와 자식, 주인과 노예라는 세 집단과 관련해서 설명한다.[126] 아리스토텔레스가 가정을 주인이 통합하여 운영하는 불평등한 공동체라고 설파했던 것(정치학 1259a–b)과 일치하게 이 '가훈표'도, 비록 남편, 부모 그리고 주인의 의무에 대해서도 언급하지만, 각 하급자의 순종과 종복을 강조한다.[127] 이와 동시에 간과해서 안 될 것은 이것이 고대의 살림학에 맞서게 되는 가정에 대한 새로운 관념이 생기는 계기가 되었다는 점이다. 곧 신약성서에 근거하여, 서로간의 사랑에 대한 새로운 생활규범, 육체노동에 대한 새로운 평가, 그리고 모든 사람의 동등함에 대한 생각이 새로 나타났다.[128] 무엇보다도 바울이 제시한 바로 하급자, '약자', '가지지 못한 자'가 귀하다는 생각(고린도전서 12장 12절부터, 특히 21절 이하), 그리고 서로가 상호배려로 조화를 이룬다는 생각은 이후 가정에 대한 가르침에 영향을 주었다. 무엇보다도 노예servi와 이들의 노동, 그리고 이들이 주인과 맺는 관계에 대한 사고가 바뀌었다.[129]

신약성서에 근거한, 가정과 살림살이에 대한 이러한 관념은 두 가지 방식으로 설파되었다. 한편으로 바울은 신에 의한 구원의 계획과 '때가 찬 경륜經綸'의 실현을 표현하는 개념으로 '오이코노미아 dispensatio'라는 용어를 사용했는데(에베소서 1장 9절 이하를 참조하라. 때가 찬 경륜in dispensatione(m) plenitudinis temporum; 에베소서 3장 9절, "영원부터 하나님 속에 감추어졌던 비밀의 경륜이 어떠한 것을 드러내게 하려 하심이라et illuminare omnes, quae sit dispensatio sacramenti (mysterii) absconditi a saeculis in Deo"), 이로부터 무엇보다도 안티오키아의 이그나티오스Ignatius von Antiochien와 유스티누스Justinus 이후 그리스의 교부들은 신의 구원에 관한 '살림살이'(라틴어로 dispositio 혹은 dispensatio)에 대한 신학을 발전시켰다. 구원 작업, 곧 세계를 다스리고 각 개인을 구원시키는 데 살림살이가 필요했다. 신의 '경륜' (disposito, dispensatio)에 관한 이런 신학은 중세 시기 내내 보편적인 질서에 대한 사상적 토대로 남았다.[130]

다른 한편으로 이들 교부는 교회를 '신의 가정'으로 보는 관념을 더욱 발전시켰다.[131] 아리스토텔레스와 키케로, 그리고 바울로 거슬러 올라가는 사고방식을 이어받아, 아우구스티누스Augustinus는 '인간 사회societas humana'의 질서를 세 '단계gradus'로 나누는 관념을 세웠다. 그것은 남편, 부인, 아이들의 공동체인 '가정domus', '도성'(civitas, urbs), 그리고 민족들을 포괄하는 '지구권地球圈(orbis terrae)'이다.[132] 거기에서 아우구스티누스가 지상과 천상의 질서에 대한 관념을 정립할 때 밑바탕이 되었던 것은 가정의 질서였는데, 이것은 "명령과 복종의 조화"에 기초하여 평화를 확보하는 것이었다. "자기 자신을 그리고 특히 자기 가솔들을 건사하지 못하는 사람은 누구나 신앙을 부정하는 것이요 불신자보다 더 나쁘다[디모데전서 5장 8절을 참조하라]. 그러므로 함께 사는 사람들 사이에서 명령과 복종에 대한 정돈된 협약이 있는, 바로 그곳에서 가정의 평화가 시작된다. 다른 사람을 보살피는 사람들은 곧 남편이 그의 부인에게, 부모가 그 자식들에게, 주인이 그 종들에게, 명령을 내리고. 반면 보살핌을 받는 사람들은 복종한다. 예컨대 여성은 남편에게 자식들은 그 부모에게 종은 그 주인에게 복종한다Quisquis autem suis et maxime domesticis non providet, fidem denegat et est infideli deterior. Hinc itaque etiam pax domestica oritur, id est ordinata imperandi oboediendique concordia cohabitantium. Imperant enim qui consulunt, sicut vir uxori, parentes flliis, domini servis. Oboediunt autem quibus consulitur, sicut mulieres maritis, filii parentibus, servi dominis."[133] 각 '가정domus'은 도성civitas의 '근본initium'이자 '토대particular'이다. 그러므로 '가정의 평화pax domestica'는 '도성의 평화pax civica'와 직결되기 때문에, 가장은 자신의 '가정domum suam'을 "도성의 법칙과 조화되도록 이끌어야 한다ut sit paci adcommoda civitatis". '가정의 평화'가 증진되는 것은, 노예, 부인, 그리고 자식이 가장의 '권력potestas'에 종속된 '가정구성원cohabitantes'으로 여겨질 때이다. 세속사회의 가정은 "재물과 이승의 안락함으로부터 지상의 평화"를 얻는 반면, 기독교 가정은 그것을 넘어 영원한 선善에 대한 기대와 그 기대로부터 커가는 서로간의 사랑에서 평화를 경험한다. "명령하는 사람들이 그들의 명령을 받는 것처럼 보이는 사람들을 섬긴다qui imperant seruiunt eis, quibus uidentur imperare." 이렇게 기독교 가장은 자기집안의 모든 이in sua familia를 '천상의 가정caelestis domus'으로 이끌며, 이를 통해 지상의 도성terrena civitas이 천상의 도성civitas caelestis으로 성장한다.[134]

아리스토텔레스학파에서 생겨난 실천철학의 구분, 곧 개인의 학문(윤리학, 중세에는 또한 수신학修身學(Monastik)으로도 불렀다), 가정의 학문(살림학), 그리고 공동체의 학문(정치학)[135]이라는 세 학문으로 구분하는 방법을 중세 초기에 전해준 사람은 보에티우스, 카시오도루스Cassiodor,* 그리고 세비야의 이시도루스였다. 마찬가지 방식으로 보에티우스는 자아에 대한 관심cura sui과 시민공동체에 대한 관심cura republicae을 가사에 대한 책임officium rei famliaris과

---

* [옮긴이] 원명은 Flavius Magnus Aurelius Cassiodorus로 대략 485년경에 태어나서 약 580년 즈음에 사망한 것으로 추정된다. 로마 말기의 정치가이자 저술가로 보에티우스에 이어서 성서해석학에 관해 유명한 저술을 남겼다.

구분했다. 이시도루스에게 영향을 미친 카시오도루스는 현실철학 philosophia actualis을 윤리철학philosophia moralis, 시민철학philosophia civilis, 그리고 분배철학philosophia dispensativa(살림학oikonomike)으로 구분하면서 다음 설명을 덧붙였다. "살림학이라고 부르는 것은 가사家事를 현명하게 정돈하도록 관리하는 것이다Dispensativa dicitur, cum domesticarum rerum sapienter ordo disponitur."[136] 마찬가지로 12세기에 후고 폰 장크트 빅토르Hugo von St. Victor는 세 학문, 곧 〈수신, 윤리, 도덕의 학문philosophia solitaria, ethica et moralis〉, 〈공공, 정치, 그리고 시민의 학문philosophia publica, politica atque civilis〉 그리고 〈소유, 살림, 관리의 학문philosophia privata, oeconomica et dispenstiva〉으로 구분했다. 그는 마지막의 것에 대해 이렇게 덧붙였다. "소유에 대한 학문이란 가사의 임무에 관한 것으로 구성원들에게 분배하는 것이다privata est, quae rei familiaris officium mediocri componens dispositione distribuit." 가장의 임무는 "가사의 관리이다ordo rerum domesticarum."[137] 12세기 이래 고대철학이 직접적으로 혹은 간접적으로 (말하자면 이슬람 철학을 통해) 수용됨으로써 살림학에 대한 관심이 새로 커졌기 때문에 단절은 없었다. 에스파냐인인 도미니쿠스 군디사리루스Dominicus Gundissalinus는 아랍의 살림학에 근거하여 1150년 즈음에 이렇게 말했다. "두 번째 것은 가정과 가사를 관리하는 학문이다. 이것을 통해 남자는 부인과 자식, 하인들과 그의 모든 식솔을 데리고 사는 방법을 익힐 수 있는데, 이 학문은 가정의 관리라고 불린다Secunda est sciencia disponendi domum et familiam propriam; per quam cognoscitur qualiter uiuendum sit homini cum uxore et filiis et seruis et cum omnibus domesticis suis et hec sciencia uocatur ordinacio familiaris."[138] 토마스 아퀴나스도《니코마코스 윤리학》에 논평을 가하면서 고전적인 삼분법을 옹호했다. "윤리철학을 다음 세 부분으로 나누는 것은 바로 이러한 기반[니코마코스 윤리학]에 따른 것이다. 곧 첫 번째는 목적을 가지고 행하는 개인 활동에 관한 수신학, 두 번째는 가족공동체의 행동에 관한 살림학, 그리고 세 번째는 시민대중의 활동에 관한 정치학이다prima [pars, sc. der Ethik] considerat operationes unius hominis ordinatas ad finem quae vocatur monastica, secunda autem considerat operationes multitudinis domesticae quae vocatur yconomica, tertia autem considerat operationes mulittudinis civilis, quae vocatur politica." 여기에서 살림학 방법ars yconomica이란 가계의 관리술ars dispensativa domus로 결정되며 그 목적은 '부divitae'이다.[139]

나. 13세기와 14세기 '살림학'

바로 위에서 인용한 토마스 아퀴나스의 텍스트는 13세기 중반에 시작된 집에 대한 새로운 성찰을 보여준다.[140] 이러한 성찰은 이제 다시금 아리스토텔레스 및 고대 살림학으로 거슬러 올라가지만, 거기에는 또한 아랍의 살림학 전통도 포함되었다.[141] "그리스와 아랍의 살림학은 거의 비슷한 시기에 서양에 알려졌으며, 중세 말 가계에 대한 교리의 특징을 결정했다."[142] 아리스토텔레스의《정치학》은 1260년 무렵 길릴무스 데 모에르베카Wilhelm von Moerbeke 에 의해 라틴어로 번역되었고,[143] 아리스토텔레스의 위서僞書인 《살림학》도 1280년 이후에 그 뒤를 이었다.[144] 이렇듯 '정치학'과 '살림학' 사이의 구분이 다시 이루어짐에 따라 '공적인 것'과 '사적인 것' 사이의 구분과 차이도 촉진되었다. 그렇지만 양 영역 사이의 전통적인 연관성도 여전히 존재했는데, 무엇보다도 살림학이 반영된 군주귀감서君主龜鑑書가 하나의 장르로 등장했기 때문이었다.

윤리에 대한 아리스토텔레스학파의 삼분법을 쫓아 1250년 경 도미니크 수도사인 뱅상 드 보베는 《교리의 거울Speculum doctrinale》에서 수신학修身學, 살림학, 그리고 정치학을 저술했다.[145] 그가 1260년대 초에 집필했던 저작인 《군주도덕교육론De morali principis institutione》[*]에도 군주와 궁정관리자mores principum et curialium의 행동과 관련해 살림살이를 주제로 삼은 부분이 포함되었다.[146] 마찬가지로 왕 알퐁스 10세의 《7개 덕목Siete partidas》(1263)도 궁정의 살림학을 제시했다.[147] 에지디우스 로마누스Aegidius Romanus의 《군주통치론De regimine principum》(1277/79)는 "가장 널리 퍼진 서양의 군주귀감서이자 중세 후반에 가장 많이 읽힌 책 가운데 하나" 였다.[148] 그리고 이 책은 수신학regimen sui, 살림학regimen domus, 그리고 정치학("군주가 왕국을 다스리는 방법quomodo maiestas regia

---

[*] [옮긴이] 도미니코 수사 뱅상 드 보베가 1263년 루이 9세와 그의 사위 나바르왕 티보Thibaut de Navarre에게 헌정한 저술이다.

praeesse debeat civitati et regno")을 각기 따로 다루었다.[149] 이 텍스트가 유럽 모든 언어로 수많이 편찬됨으로써 중세 후기의 살림살이 사유에 대한 대중적 개념이 등장했다.[150]

'가정domus', 곧 '가정공동체'(communitas 혹은 societas domus, communitas domestica)란, 에지디우스가 아리스토텔레스의 사상을 이어받아 논하는 바와 같이, 더불어 사는 것이 인간에게는 자연스럽고 "모든 공동체는 가정공동체를 포함하기" 때문에, 필연적이고 자연스러운 것이다. "만약에 가정이 없다면 우리 가운데 누구도 시市나 마을이 될 수 없다. …… 개인이 가정의 일부가 되는 것처럼 가정도 지역, 시, 국가의 일원이 된다. …… 그러므로 군주들은 가사를 관리하고 가정이 없이도 가족을 다스리는 방법을 알아야 한다. 가정을 관리하는 법을 아는 것은 모든 시민들에게도 관련된 것이므로 사회적 지위가 높은 이나 정치가들만이 그렇게 해야 하는 것은 아니지만, 특히 왕과 군주들에게는 중요한데, 왜냐하면 왕국이나 국가가 가정을 전제하고 있듯이 왕국과 국가의 통치가 가정을 통치하는 개념을 전제하고 있기 때문이다nec possit esse civitas, neque vicus, nisi habeant esse domus. …… sicut singulares personae sunt partes domus, sic et domus sunt partes vici, civitatis, et regni. …… reges ergo et principes decet scire gubernare domestica, et regere familiam sine domum, non solum inquantum esse debent viri sociales et politici, quia sic scire gubernationem domus pertinet ad omnes cives: sed spectat specialiter ad reges et principes, quia sicut regnum vel civitas praesupponunt esse domum, sic regimen regni et civitatis praesupponit notitiam regiminis domus."[151] 집은 한편으로 "건물 aedificium"이지만 다른 한편으로 "가사를 함께 나누는 집단 communicatio personarum domesticarum"으로 "그 안에 사는 가족 familia in ea et contenta"이다. 그러므로 이렇게 정의된다. 곧 "한 집에서 사는 사람들의 집단과 공동체는 가정이라고 불릴 수 있다 societas et communicatio habitantium in una domo domus nuncupari potest."[152] 집은 세 "공동체communitates", 곧 부부 공동체, "부모자식의 공동체communitas patris et filii", 그리고 "주인과 하인의 공동체communitas domini et serui"의 공동체를 포함한다. "완벽한 가정 domus perfecta"에는 또한 "네 종류의 사람quatuir genera personarum"과 "세 가지 관계가 존재하는데, 곧 첫째는 결혼 …… 둘째는 부자관계 …… 셋째는 지배와 관리이다tria regiminaunum coniugale …… aliud paternale …… dominativum et despoticum".[153] 에지디우스는 그러므로 부부, '자식통제regimen filiorum' 그리고 '가사관리gubernatio domus'의 영역을 각각 다루었고,[154] 그 대상organa을 무생물체와 생물체로 구분했다. 생물체는 곧 "하인serui", "관리자ministri", 그리고 "가족familia" 등이다. "무생물체 대상organa inanimata"에 속하는 사물은 집이고, 거기에 속하면서 '신체적 욕구indigentia vitae'를 촉진하는 것은 '가재도구supellectilia', 재산, 그리고 돈이다. 그러므로 돈을 다루는 방법과 더불어 재산 증식modi lucrandi pecuniam, 곧 '대부업usura'의 허용 여부가 논의될 수밖에 없었다.[155]

알프스 이북 지역에서도 14세기에 아리스토텔레스의 사상을 수용한 결과로 살림학 문헌들이 등장했는데, 그 가운데에서도 프랑스에서 나온 저작에 국한해서 보자면,[156] 무엇보다도 니콜 오렘 Nicole Oresme(1382년 사망)이 아리스토텔레스가 저술한 《정치학》과 역시 그의 저술로 알려졌던 《살림학》을 번역하여 편찬했던 점이 눈에 띈다.[157]

독일에서는 1348/52년 레겐스부르크에서 활동했던 학자 콘라트 폰 메겐베르크Konrad von Megenberg(1374년에 사망)가 《살림학 Yconomica》[158]이라는 책을 집필했다. 이는 "동일한 제목으로 중세 저술가가 쓴 것 가운데 최초의 독자적인 저작"[159]이었다. 에지디우스의 선례에 따라 콘라트의 살림학 역시 군주귀감서로 기획된 3부작 가운데 하나였는데, 이것 이외에 수신修身에 해당하는 부분은 지금까지 전해지고 정치에 해당하는 부분도 최소한 저술계획에는 들어 있었다.[*160] 콘라트에 따르면, "수신monastica", "살림학yconomica" 그리고 "정치politica"는 도덕철학philosophia moralis의 일부이기도 했고, 이는 각 개인이 차례로 "가정공동체societas domestica"와 "시민공동체 societas civilis"를 구성하기 때문에 자연스러운 순서였다.[161] 집이란 우선 "돌과 나무로 만든 건물cooperimentum lapidibus et lignis fabricatum"로서 '살림꾼'(yconomus, dispensator)과 그 식솔들에게 거처가 되면서도, 둘째 "인간의 삶이 필요로 하는 바에 따라 함께 사는

---

* [옮긴이] 콘라트의 이른바 '삼부작' 가운데 수신학과 살림학 부분은 전해지지만, 정치학 부분은 전하지 않고 있다.

일상행동에 있어서 합리적으로 결정된 인간본성에 따라 만들어진 개인들의 공동체이다communitas ex personalibus communicacionibus primo secundum naturam humanam constituta sub actibus cottidianis convivendi ad necessitatem vite humane racionabiliter ordinata." 그것의 "지도자와 감독자princeps et rector"(가장dominus, 가주paterfamilias)가 바로 '살림꾼'이다.[162]

콘라트는 실제 존재하는 집에도 등급이 있다고 생각하여 자신의 저작도 그에 따라 세 권으로 나누었다.[163] 그 가운데 첫 번째 책은 "세속적인 평민의 집domus temporalis vulgaris"과 "평민의 살림살이regimen domesticum popularium", 곧 낮은 성직자들, 기사, 도시민(수공업자와 상인), 그리고 다른 모든, "당시 가정을 꾸리던 세속적이고 일반적인 사람들homines populares et communes in domibus temporalibus temporaliter viventes"의 집에 대해 기술한다.[164] 고대의 전범에 따라, 여기서도 마찬가지로 남편과 부인 사이의, 부모와 자식 사이의, 그리고 주인과 하인 사이의 '관계communicacio'가 다루어진다.[165] "집에서 마주치는 지배하는 자와 예속된 자의 관계communicacio dominativa, que est principantis et subieti in domo"이다.[166] 여기 각 장章에서는 집주인에게 봉사하는 특별한 직업 활동, 무엇보다도 목사, 평의원, 의사, 공증인, 주방장 및 요리사, 농민, 사냥꾼, 수공업자의 활동이 묘사된다. 이어 이 첫 권 제4부의 대상은 집에 속한 물건, 곧 음식, 재산, 돈이다. 콘라트에 따르면, 이 첫 번째 책에서 거론했던 집들의 공통점은—두 번째 및 세 번째 책에

서술된 것과 비교하면—'부정적인 것'이다. 말하자면 "각 구성원이 가사의 관리에 참여하는 몫이 적다"는 점에서 그렇다. 바로 이 지점, 곧 "이에 관한 전통적인 서술이 가장 없는 곳"이,[167] 콘라트 저작에서 "가장 독창적이고 가장 흥미롭다."[168] 두 번째 책은 세속군주와 황제의 '집' 혹은 '궁정curia'에 관한 것이다. 세 번째 책은 신성한 집domus divinae에 할애되었다.[169] 우선 여기에 속하는 것은 콘라트가 '학문의 집domus scolastica'이라 부르는 대학(파리, 볼로냐, 파두아, 옥스퍼드)인데, 학과라는 '집' 네 채*로 구성된다.[170] 대학에 이어 도시의 학교도 언급되는데, 이들 학교인 '집'에 대한 논의 뒤에는 지식에 관한 요약도 있다. 그 다음에는 '교회라는 집'에 대한 개관이 나온다. "교회의 생활에 관련되어 고위 성직자의 집과 그에 종속된 일에 대해서이다de domibus ecclesiasticis prelatorum atque illorum, qui subduntur eis secundum vitam ecclesiasticam." 말하자면 여기의 대상은 주교 관저의 영역으로, 이와 연관된 교회건축물, 교회의 서품 등급, 미사행사, 정시과定時課가 언급된다. 이 책의 마지막 부분인 제3부는 교황직과 '교황의 집', '교황청', 곧 교황의 가족familia papae에 관한 묘사이다.[171]

콘라트의 저작은 '백과사전의 특징'을 갖고 있는데, 그의 '살림학'에도—거의—모든 것, 곧 "술에 취해 처녀를 보고 기뻐하는 앵무새로부터 시작하여 최고 존재의 정의에 이르기까지 모든 것

---

* [옮긴이] 신학과, 의학과, 법학과, 인문과 등 네 학과였다.

이"[172] 망라되었다. 왜냐하면 콘라트에 따르면, 모여 사는 형태로서 집이란 총체적이기 때문이다. 그는 마태복음 20장 1절 및 13장 52절과 같은 성서의 텍스트와 교부들의 교리에 의거하여, 교회 전체를 집으로, 다시 말해 교황이 집주인인 '하느님의 집'으로 이해했다.[173] 이와 동시에 "교황은 신의 대리자로서 신이 주재하는 모든 세상에 임하고 있다vicedeus est in universa terra, cum quo deus socialiter egit." 그러므로 세계 전체는 하느님이 주인인 하나의 집으로 간주된다.[174]

다. 인문주의와 종교개혁의 표식으로서 '집'과 '살림살이'

아리스토텔레스의 저작과 그가 쓴 것으로 알려진 다른 저작들이 13세기부터 15세기까지 이탈리아에서 많이 번역되고 편찬되었는데,[175] 그중 언급할 만한 것은 피렌체의 레오나르도 브루니Leonardo Bruni(1444년 사망)가 부분적으로 번역하고 주해를 붙인 아리스토텔레스 위작인《살림학》이다.[176] 특히 주목할 것은 레온 바티스타 알베르티Leon Battista Alberti(1472년 사망)가 1434/41년에 아리스토텔레스와 크세노폰의 사상에 근거하여 저술했던《가정에 대해서 Della famiglia》라는 책으로,[177] 이는 15세기에 등장한 가정과 교육에 관한 모든 저작 가운데 가장 유명하다.[178] 알베르티는 모두 4권으로 이루어진 이 저작에서 현학적이지 않도록 대화체로 부모와 자식 간의 관계, 혼인, 우정을 아주 쉽게 설명한다. 세 번째 책인《제3권 가족: 살림학liber tertius familie: economicus》에는 원래의 '살림학'

내용이 들어 있지만, 다만 과거의 서술과 반대로 거기에는 더 이상 자식 교육이 포함되어 있지 않다.[179] 알베르티는 가정의 각 개별적인 영역과 차원을 대중적인 언어로 풀어냈다. 곧 그는 물질적인 의미의 '가정'을 '집casa'으로, '가재도구'와 '가계의 재산'을 살림 masserizia(라틴어 massa에서 왔다)이라고 불렀다. 인간관계의 의미로서 '가정'은 집안사람famiglia로 지칭했는데, 여기에는 늘 그러하듯이 부인과 자식, 그리고 '다른 나머지 식구인 머슴과 하인'(gli altri domestici, famigli, servi)이 포함되었다.[180] '가정의 소유물coso private e domestiche'로는 '집안에 두 가지dui in casa', 곧 '집안사람la famiglia'과 '재물ricchezze'이 있고, 집밖에 두 가지, 곧 결혼과 우정이 있다.[181] 따라서 집주인은 다양한 일을 맡고 있다. 집안사람에 대해서 그는 '가주padre di famiglia'이지만, 재산에 관해서는 '살림꾼massaio'이다. 후자의 임무는 절약한다는 의미에서 '살림살이'이다(la masserizia ······ fare masserizia). 곧 살림살이masserizia란 "하나의 기술이며, 정직하며 성스러운 것이다onestissima masserizia, santa masserizia."[182]

좋은 가주buon padre di famiglia의 임무란 "우선 자신을, 그리고 자기의 모든 재산을" 올바르게 관리하고 유지하는 것이며,[183] 자신이 그렇게 하듯이 집안사람과 더불어 "살림을 꾸려야 한다." 그는 "오로지 아주 고결하고 우아하며 유용한 목적을 위해 집안사람을 부려야 하며", 그들이 "건강하고 계속 행복하도록 노력해야 하며, 그들 가운데 그 누구도 시간을 낭비하지 않도록 보살펴야"만한다. 이것이 이루어지는 것은 바로 "누구나 자기가 맡은 바를 다 하고 있을 때, 곧 부인이 자식들을 가르치고 집안 살림 전체tutta la masserizia domestica in casa를 관리할 때, 또 자식이 무엇인가를 배우고자 애쓸 때, 그리고 나머지 사람이 윗사람으로부터 부여받은 일을 잘 세심하게 수행하고자 노력할 때이다."[184] 집안이 상황과 형편에 따라 행복해지는 데 필요한 것은 특별한 보살핌으로, 무엇보다 재화를 '올바르게 사용하고' '유지하는' 기술인 관리이다.[185] 《살림학》 책에서 집주인은 살림살이masserizia를 맡았다는 점에서 '신실하고 세심한 관리자vero e sollicito massaio'[186]로 규정되는데, 이때 살림살이란 너무 적은 것과 너무 많은 것, 곧 인색과 낭비 사이의 중도를 지키는 것이다. 살림살이만으로도 집이 흥성하게 되니 그것이 바로 '집안의 건강la salute della famiglia'이다.[187] 이러한 의미에서 집주인은 '안주인madre di famiglia'도 가르쳐서 '집 전체 tutta la casa'를 맡아 '집안을 운영할reggere la famiglia' 수 있도록 해야 한다.[188]

이 알베르티의 저작 곳곳에는 15세기 이탈리아의 정치사회적이고 경제적인 생활의 분위기가 묻어난다. 여기에는 그의 특징적 사고방식인 양극성, 곧 현실성을 중시하면서도 인문주의적 전통까지 이어받은 양극성이 고스란히 반영되어 있다. 일단 그는 돈의 유익함에 관한 질문을 던진다. 돈이 원래 '모든 사물의 근간 혹은 음식이자 자양분', 곧 '모든 돈벌이의 정수'가 아닐까? 그래서 사람은 돈으로 "모든 어려움을 극복하고 자신이 원하는 수많은 것을 만족시킬 수" 있지 않을까? 그렇다면 사람은 "돈에 관련된 단 하나의 방식보다는 다른 살림살이masserizia"에도 관심을 가져야 하는 것일까? 이 물음에 대한 답은 다음과 같다. '좋은 집주인'은 자기의 전 재산을 파악하고 있어야 하며, 그렇다고 모든 재산을 '한 곳에' 그리고 '한 가지'에 투자해서는 안 된다.[189] 돈에 대한 이러한 설명은 결국 도시나 농촌nella villa 가운데 어떤 쪽의 삶을 선호하는가 하는 물음과 직결된다. 도시에서는 "국가, 지배, 명성에 대한 거대한 꿈"이 꿈틀대지만, 또한 "결코 휴식이 없는 엄청난 번잡함"도 피할 수 없다. 알베르티는, 고대에 농촌의 삶을 예찬했던 점을 이어받아, 그런 삶만이 "휴식, 정신적 만족감, 자유로운 생활과 확실한 건강"을, 그리고 이에 덧붙여 자연의 향유까지 보장한다고 선언한다. 그러니 토지 소유만이 "가장 잘 확실하고, 감사할 만하며, 신뢰할 수 있고, 진실한 것이고", 또 "이윤을 가장 크게 가장 바람직하고 가장 확실하게" 낳고, "살림살이를 진정으로 고결하게 그리고 올바른 방식으로 하는 사람"에게 유일하게 안성맞춤인 활동을 제공한다.[190] 마지막으로 중요한 것은 가사 활동이 정치와 맺은 관련성, 곧 개인적 명예ozii privati와 국가 및 조국에 대한 의무 사이의 올바른 균형이다. 비록 사람들이 이들 의무를 진지하게 여긴다고 하더라도, '공적인 일cose pubbliche'로 '사적인 일cose private'(domestiche)을 소홀히 해서는 안 된다. "왜냐하면 자기 집안에 무엇인가 부족한 것이 있다면, 그것을 집밖에서 찾아 해결하기란 훨씬 더 어렵기 때문이다." 곧 "집밖의 명예가 집안사람을 먹여

살리지 않는다Gli onori di fuori non pascono la famiglia in casa."[191]

알프스 이북의 인문주의적 가정학으로 토마스 모어Thomas More 의 《유토피아》(1516)를 들 수 있다. 이것은 시민공동체republica가 가정으로 이루어진 것이라는 고대의 주장을 다시 제기하지만, 신선했던 것은 정치사회사상이라는 새로운 분야에서 새로운 문학적 장르를 구현했다는 점이다. "이 도시가 가정으로 구성되어 있는 것처럼, 가정은 대부분 그들 가족으로 이루어진다Quum igitur ex familijs constet ciuitas; familias ut plurimum, cognationes efficiunt." 집주인paterfamilias과 안주인materfamilias이 이끄는 유토피아 사회의 가정은 농촌의 경우 그 구성원이 최소 40명(경작지에 결박된 노예servi 두 명이 더 추가된다)인데, 이들은 각자 농장domus에 거주한다. 도시 가정의 구성원은 이보다 적고(어른이 10명에서 16명 정도이다), 도시마다 이러한 가정의 총수는 6,000세대다.[192] 가정은 또한 경제적 생산의 기본 단위이고, 유토피아에서는—마치 베네딕트 수도원에서처럼—공동체 생활을 통해 생활필수품을 함께 만들어냄으로써 생산을 관리한다.

살림살이 영역에 대한 종교개혁가의 사상에서 특징적인 점은 신약성서에서 드러난 가정학을 다시 분명하게 상기시킨다는 것이다.[193] 사실 이러한 특징은 중세 말 이전부터 이미 눈에 띄기 시작했다. 1400년경 아마도 상인이었을 파리의 한 시민이 당시 아주 젊은 부인을 위해 작성한 '가계부'('Le menagier de Paris')는 '가계menage'의 운영, 사교의 형식, 남편과 하인에 대한 태도뿐만 아니라, 종교적 생활 방식에 대한 조언까지 담았다.[194] 다른 한편으로 종교적인 지침서, 예컨대 프란체스코 수도사인 디트리히 콜데 Dietrich Kolde(1515년 사망)의 《기독교인 귀감서Christenspiegel》[195]와 같은 책도 살림살이에 관한 주제들을 다루었다.

1529년 목사인 유스투스 메니우스Justus Menius가 쓴 소책자인 《기독교인 살림살이Oeconomia Christiana/dat ys von Christliker hußholdinge》가 출간되었다.[196] 이것이 에지디우스 혹은 콘라트 폰 메겐베르크의 중세 말 군주귀감서와 다른 점은 옛 아리스토텔레스의 분류 체계, 곧 수신학, 살림학, 정치학으로 나누는 분류법이 수신학과 정치학 부분을 생략한 채 '축약된 형태Schrumpfform'로 제시된다는 것인데, 그래도 이 사라진 부분의 존재감이 여전히 '감지된다.'[197] 이 책에는 윤리 대신에 기독교 기본교리가 들어가고, '살림학'과 '정치학'으로 구분하던 것이 이제는 두 세계 혹은 두 영역에 관한 가르침*으로 바뀌었다. 살림학과 정치학은 세속적이며 물질적인 영역에 속했다. "살림살이, 그것은 가정을 관리하는 것이고, 정치, 그것은 나라를 다스리는 것이다Oeconomia/dat ys hußholdinge/vunde Politia/dat ys landtregeringe."[198]

마르틴 루터는 유스투스 메니우스가 쓴 《기독교인 살림살이》라는 책자의 서문을 썼는데, 여기에서 그는 "가장들에게 이 소책자를 열심히 읽을 것mit vleis einem iglichen hausvater"을 권장했다.[199]

---

* [옮긴이] 신성하고 세속적인 두 세계, 혹은 정신적이고 물질적인 두 영역을 말한다.

루터는 가정을 전통적인 의미로(부인과 자식, 하인과 하녀, 가축과 사육weyb und kind, knecht und magd, vieh und futter) 규정했지만, 무엇보다 혼인을 강조했다. 곧 혼인은 '살림살이의 토대fons Oeconomiae'이며 "부부로 사는 것과 가사를 운영하는 것ehlich leben und haushalten"은 똑같은 것이다.[200] 가정의 질서에 대한 그의 견해는 1529년에 간행된 《소교리문답Kleiner Katechismus》에 요약되었다.[201] 이 짧게 정리한 가르침을 루터는 목사들과 일반인, 그렇지만 그 누구보다도 자식과 하인을 가르쳐야 할 가장에게 주었다. 여기를 보면 교리문답에 관한 다섯 가지 주요 항목 이외에 덧붙여진 것이 바로 '살림살이 교훈표Tabula Oeconomica'이다. "교훈표의 몇몇 구절은 모든 성직자 신분과 계층을 위한 것으로 이를 통해 그들의 직책과 업무의 수행을 계도하도록 하기 위함이었다Haustafel etlicher sprüche fur allerley heilige orden und stende, dadurch die selbigen als durch eigen lection yhres ampts und dienst zu ermanen."[202] 루터는 세 신분,[203] 곧 성직자, 정치가, 살림꾼 신분으로 구분하여, '주교, 목사, 그리고 설교자'편, '세속 관청'편, 그리고 무엇보다도 가정에 거주하는 신분인 편으로 나누어 각각 지침서를 작성했다. 마지막 신분에는 남편, 부인, 부모와 자식, '하인, 하녀, 일꾼 그리고 노동자' 더 나아가 '집주인과 안주인,' 모든 젊은이(곧 청년 전체), 과부, 그리고 전체('공동체')가 포함되었다. 이 책자의 마지막 페이지를 장식한 문구는 이렇다. "각자 가르침을 배우면, 가정에 안녕이 함께할 지어다Ein yeder lern sein lection, /So wird es wol ym hause ston."[204]

이와 비슷한 것은 이 종교개혁가가 1528년 최후의 만찬에 관한 저작《예수의 만찬, 고백*Abendmahl Christi, Bekenntnis*》에서 했던 말이다. "아버지나 어머니가 되는 사람, 곧 가정을 이끌고 아이들이 하느님을 섬기도록 길러야 하는 사람에게만 성령이 임하고 그들을 성령으로 깨우고 인도한다. 자식과 하인이 부모와 주인에게 복종하는 곳이 역시 거룩한 장소이니, 그곳에 있는 자는 지상의 살아있는 성령이다 wer Vater und mutter ist, haus wol regirt und kinder zeucht zu Gottes dienst, ist auch eitel heiligthum und heilig werck und heiliger orden. Des gleichen, wo kind odder gesind den Eldern odder herrn gehirsam ist, ist auch eitel heiligkeit, und wer darynn funden wird, der ist ein lebendiger heilige aufs erden."[205] 가정생활에 대한 루터의 시각은 전통에 의해 제약되었지만, 이러한 정신적인 경구로 루터는 새로운 종교적 가치를 제시했다.

4. 중세 사상에서 거래와 시장

아리스토텔레스는 '살림학οἰκονομική'과 '이재학理財學(χρηματιστική)'[206] 사이를 구분하면서, 후자는 주로 부정적이고 금지되어야 할 특성을 갖는다고 여겼다. 시장과 거래에 대한 중세적 사유도 이와 일치했는데, 단지 그것들을 "얼마나 허용할 수 있는지"에 주목하고,[207] 또한 성서의 가치관이 잘 반영되었는가를 확인하는 데 그쳤다.

이러한 사고방식은 우선 12세기 및 13세기의 스콜라 철학에서 등장했는데, 이때의 상황은 이전의 시대와 놀랄 만큼 대조적이었다.[208] 11세기와 12세기에는 거래와 도시 시장의 팽창이 동시에 일어났고, 유럽 내 분업적 교역활동도 출현했다. 그 이후 최소한 비교적 자급자족적인 전통적 의미의 가내경제와 점점 더 거래와 시장에 좌우되는 새로운 경제적 현상 사이에서 긴장과 대립이 나타났다. 시토교단*이 행한 경제적 실천에서도 이러한 점이 뚜렷해졌는데, 이것이 하나의 징후로 보였다. 시토교단의 경제 원칙은 교단이 성장하기 시작하던 1100년 무렵에는 분명 여전히 베네딕트 규율을 준수했다. 곧 육체노동에 바탕을 두고 도시 및 시장과 거리를 두던 수도원 내의 자급자족 경제를 다시 엄격하게 실현하고자 애썼다.[209] 그렇지만 시토교단은 이러한 경제행위로 인해 12세기 시장 팽창의 역동성에 휩쓸렸다. 곧 이들은 자신들이 생산한 농산물과 제조품을 판매하고 그로부터 이윤을 남겨 12세기 내내 금융업의 토대를 닦았다.[210] 사람들이 자본주의적 경제 관념과 경제 추구, 심지어 근대적 의미의 자본주의적 기업가 정신을 이곳에서 찾고자 할 정도였다.[211]

중세의 절정기가 지난 다음에 거래와 시장은 점점 더 중요성을 획득했지만, 그렇다고 이러한 진행이 독자적인 또 다른 개념, 가

---

* [옮긴이] 프랑스 시토 마을에 세워진 베네딕트 수도원에서 성 베네딕트의 계율을 더 엄격하게 따르고자 만들어진 개혁파 수도회로서, 금욕과 침묵을 중시하고 특히 육체노동으로 농사를 지어 자급자족을 꾀했다. 12세기에 유럽 전역에 퍼졌다.

령 살림학과 자리를 나란히 같이할 '경제'라는 새로운 개념의 탄생으로는 이어지지 않았다. 근대적인 의미에서 '본래의' 경제 영역, 말하자면 시장에서 생산물과 서비스를 판매하여 이윤을 획득하는 그러한 돈벌이 경제에 해당하는 지칭어, 곧 '살림학'에 견줄만한 개념이 중세에는 존재하지 않았다. 그렇지만 이와 동시에 중세에도 시장과 거래에 대한 폭넓은 사유의 영역들이 존재하여, 스스로 발전하는 새로운 경제 현상과 변화에 대응했다.

가. 상인과 이들의 활동에 대한 평가

11세기와 12세기부터 상인과 이들의 활동을 평가하는 데 변화가 분명히 나타났다. 이자놀이를 금하는 것은 고대의 사상과도 일치하고 특히 성서가 그것을 강조했기 때문에,[212] 사람들은 상인활동이 죄를 짓는 일이자 명예롭지 못한 것으로 보았다. "상인은 결코 신을 만족시킬 수는 없다. 그러므로 기독교인은 상인이 되어서는 안 된다Homo mercator vix aut numquam potest Deo placere. Et ideo nullus Christianus debet esse mercator." 이 말은 12세기 그라티아누스Gratianus*의 저서인 《교령집Decretum》에 나온다.[213] 그렇지만 이미 상업을 '더러운' 활동으로 규정했던 키케로도 '거대한 거래 mercatura magna'는 각지에서 많은 것을 가져다준다는 점에서 유용한 것으로 여겼다. 고대의 다른 문헌에서도 찾아볼 수 있었던 이

---

* [옮긴이] 프란치스쿠스 그라티아누스(?~1158)는 이탈리아 가말돌리회 수도사로 법학자였다.

러한 견해가 중세에 다시 등장했다.[214] 무엇보다도 신분제에 대한 관념으로부터 상인에 긍정적인 평가가 나타났다. 기능주의적 삼분법의 사고방식, 곧 사회가 성직자, 기사, 노동하는 사람(농민과 수공업자)로 구성되었다는 사고방식[215]은 12세기에 제4신분ordo으로 상인(negotiatores, mercatores)이 추가되어 확대되었다.[216] 그 결과 (도시거주자로서) 시민이 드디어 처음으로 신분제의 틀 내에서 인정되었다. 이윤, 무엇보다도 대부업자의 이윤에 대한 부정적 견해가 계속됨에도 불구하고, 13세기 이후 신학자들 사이에서조차 상인과 그들의 활동을 긍정적으로 평가하는 목소리가 커졌다. 상인 활동이 전체를 위한, 곧 모두의 복리를 위한 것이라는 점이 강조되었다.[217] 결국 거대한 거래는 국가의 복리를 위해 필요한 것으로 선언되었고 그에 따라 상인이라는 직업이 이윤을 내는 측면도 정당화되었다.[218] 파두아의 마르실리우스Marsilius von Padua는《평화의 수호자Defensor pacis》(1324)에서 인간은 "풍족한 생활을 목적으로 propter sufficienter vivere" 모여서 "필요한 것을 얻을 능력이 있는 사람들은 …… 다른 사람과 그것을 나누고자 한다potentes sibi querere necessaria …… illa sibi communicantes invicem"고 주장했다. 말하자면 상인도 시민공동체civitas에서 여러 신분이나 관리officia가 될 수 있다(돈벌이pecuniativa)는 뜻이다.[219] 이 말의 뜻만 보자면, 그런 식의 사고방식과 규정은 아리스토텔레스에 따른 것이지만, 마르실리우스에게서 아예 빠진 것은—바로 이 차이가 중요하다—고대에는 있었던 노동하는 신분의 차별이었다. 물론 상인 신분은 오랜 동안 여전히 죄악시되고 폄하되었다.[220] 그리고 상인 직업은 장부기록 등 글쓰기와 크게 연관된 문화적 특징이 있었음에도 불구하고, 이들 활동에 대한 이론적인 천착이 이루어지거나 상업에 대한 추상적 지식이 발전하지 못했다. 상인이 스스로를 위해 만든 백과사전과 '상인귀감서Kaufmannsspiegel'도 실용적인 측면에 국한되었다.[221]

나. 스콜라학자의 경제교리

시장과 거래의 팽창이라는 배경 속에서 특히 13세기 이후 당국은 시장을 규제하는 법령과 가격을 책정하는 규정을 만들었다.[222] 이에 따라 스콜라 철학과 신학에서도 경제 교리가 발전하긴 했지만 전반적으로 경제 현상에 부정적이었다. 이들 교리에는 기본적으로 중요한 두 물음이 있다. 이 질문은 근대사상에서도 완전히 사라지지 않고 주변적인 현상으로 남았지만, 고대와 중세에서 규정된 살림살이의 의미가 무엇인지를 더욱 뚜렷이 보여준다. 그것은 바로, 첫째 공정가격justum pretium을 어떻게 결정할 것인가, 둘째 이자usura의 문제, 곧 이자 금지에 대한 물음이다.[223]

사람들이 '이자'라 부르는 것을 죄악시했던 것은 분명하다. 대부mutuum 행위를 통해 나타나는 모든 이득을 사람들은 이자로 이해했다.[224] 그리스[225]와 로마법의 대부 개념도 이를 이어받았고, 한편으로 구약성서의 이자 금지(신명기 23장 20절) 내용과, 다른 한편으로 신약성서의 "아무 것도 바라지 말고 꿔주라mutuum date nihil inde sperantes"(루가복음 6장 35절)라는 교훈과도 연결되었다.

이보다 더 복잡하고 다른 면모를 보여준 것은 공정가격에 대한 논의였다.[226] 아리스토텔레스와 아우구스티누스의 생각에 따르면, 상품의 가치는 '필요indigentia', 곧 사용에 따라 규정되었다.[227] 토마스 아퀴나스도 "사물의 가치는 그것의 진귀함에 따르는 것이 아니라, …… 사물의 가격이 정해지는 것은 사람들이 그것을 어떻게 사용하고 싶은가에 따른다"고 적었다. 곧 "모든 것은 사용에 따라 결정된다indigentia omnia mensurat."[228] 페트루스 요한네스 올리비Petrus Johannes Olivi(1298년 사망)는 상품가치를 그것의 내적 가치 virtuositas, 희소성raritas 그리고 만족감complacibilitas, 다시 말해 객관적 유용성과 주관적 판단에 따라 결정했다.[229] 이를 토대로 장 뷔리당Jean Buridan(1358년 이후 사망)은 포괄적인 가치이론을 발전시켰다.[230]

이 모든 논의의 기저에는 교환과 분업이 사회적으로 필요하다는 긍정적인 판단이 깔려 있다. 곧 사회적 존재로서 인간은 자신의 욕구를 만족시키기 위해서는 다른 사람의 도움을 필요로 한다.[231] 가족공동체만으로는 이에 충분하지 않기 때문에, 인간은 '시민 집단multitudo civilis'을 필요로 한다. "마치 한 가족공동체가 제공할 수 없는 기술이 시민공동체 안에는 존재하듯이 말이다 prout scilicet in civitate sunt multa artificia ad quae una domus sufficere non potest."[232] 물론 이러한 교환에서 적정 가격이 어떤 것인지 하는 물음에는 다양한 답변이 있을 수 있다.[233] 예컨대 '공정가격

justum pretium'은 시장에 의해 결정될 수 있다며, 로마법은 "사물의 가격은 각 개인의 욕구나 유용성에서 나오는 것이 아니라 공공성에서 나온다Pretia rerum non ex affectu nec utilitate singulorum, sed communiter funguntur"라고 했고 로마법 주해자도 이에 가세했다.[234] 중세 절정기에 교회법 학자와 신학자도 같은 생각이었다.[235] 공정가격에 대한 이러한 정의 때문에, 길드는 시장에 강한 거부감을 보였고 온갖 종류의 독점 형성을 통해 시장에 적대적인 음모도 서슴지 않았다.[236] 이에 반해 요하네스 둔스 스코투스Johannes Duns Scotus는 1300년경 공정가격을 수공업자나 상인이 생계를 확보할 수 있는 정도로 정했다.[237] 이와 다른 세 번째 생각은 14세기 중엽 이후에 등장했고 중세 말 유명론자가 대변한 것인데, 공정가격은 당국의 가격 규제에 따라 형성되어야 한다는 것이었다(예컨대 1429년에 사망한 쟝 제르송Jean Gerson이 그랬다).[238] 그러자 하인리히 폰 랑엔슈타인Heinrich von Langenstein(1397년 사망)은 이렇게 가르쳤다. 만약 입법자가 가격을 결정하지 않으면, 해당 물건을 만든 사람이 그렇게 할 수 있다. 그럴 경우 물론 자신과 자기 가족의 생계를 만족시킬 수 있는 범위 내에서 정할 일이지 무제한으로 이윤을 남기고자 해서는 결코 안 된다—이 점은 당연히 아주 엄격하게 경고되었다.[239] 이러한 가르침은 근대까지 영향을 미쳤는데,[240] 이는 경제에 대한 관념이 더 이상 집이 아니라 시장에 의해 형성되고 있음을 보여준다.

다. 중세 후기의 노동법과 경제법 제정

14세기와 15세기 파리 유명론자의 가격이론은 이미 중세 후기의 위기 현상들과 연관되어 있었다.[241] 무엇보다도 1347/8에 처음 등장한 흑사병으로 생겨난 엄청난 인구의 감소 덕분에, 경제는 심각한 노동력과 물자의 부족 상태를 드러냈다.[242] 그러므로 14세기 중엽 이래 유럽 각지에서 관헌당국이 포괄적인 노동법과 경제법을 제정하여 봉착한 위기 상황을 타개하고자 시도했다. 여기에서 언급할 만한 것은 1349년에서 1351년 사이에 만들어진 영국의 '노동조례Statute of Laborours', 1350년 프랑스 장 2세가 파리와 주변 지역에 대해 내린 주요한 '칙령Ordonnace', 그리고 같은 시기에 —독일 지역의 사례로서—티롤Tirol 지역에서 나타난 경제규제법이다. 이러한 법제정의 원칙은 대부분 똑같았다.[243] 곧 임금과 가격을 흑사병이 창궐하기 이전의 상태로 동결하고, 농부와 농업노동력의 이주권을 제한하거나 금지하며, 긍정적인 인센티브나 혹은 노동의무를 통해 노동력의 양을 증가시키고, 도시시장에 제공하는 상품을 확대하고자 시도했다. 이를 달성하는 방법은 거래의 진흥과 제조업 생산의 확대였다.[244] 비록 이러한 법령이 시행되었는지 그리고 그것이 효과적이었는지에 대해서는 여전히 논란의 여지가 있지만, 경제 현상과 시장의 연관성을 강하게 의식하고 있었다는 점은 분명하게 드러내기 때문에 이것이 중요하다. 또한 이 것이 향후에 미친 결과도 그러했다. 왜냐하면 "이러한 규제가, 노동시장과 노동계약에 영향력을 행사하는 중요한 도구, 곧 19세기까지 다양한 시기에 다양한 형태로 나타나는 무기고의 역할"[245]을 했기 때문이었다. 이렇게 보자면 이때가 당국과 국가의 활동이 확대되는 중요한 시기임이 분명하고, 이러한 14세기와 15세기의 위기에서 이들의 활동은 다른 영역에서도 찾아볼 수 있다.[246]

그밖에 주목할 만한 사항은 이러한 법 제정에서 '노동'과 '빈곤'의 관계가 새로 정의되었다는 점인데, 이는 폭넓은 결과를 낳았다.[247] 당국에서는 빈민 구제를 제한하고 걸식에 엄하게 대응함으로써, 노동할 수 있는 모든 사람에게 보편적인 노동 의무를 부과하고자 했다. '노동'과 '빈곤'이 서로를 규정했던 과거 고대, 기독교, 중세의 견해와는 분명히 대조적으로, 이 두 개념은 이제 하나의 대립물로 나란히 하게 되었다. 곧 일하는 사람은 가난할 필요가 없으며, 가난한 사람은 일하고 싶어 하지 않는다는 증거일 뿐이라는 것이다. '빈곤'에 대한 이러한 새로운 정의는 또한 미래의 전망까지 제시했다. 이 개념을 종교 개혁가들도 받아들이고 강화시켰으며, 근대 초까지 당국은 노동과 빈곤에 대한 정책의 기조로 삼았다.[248]

이러한 거래의 확대, 도시 시장의 팽창, 게다가 임금과 가격의 상승, 그리고 노동시장의 움직임은 당대인들 역시 인지하는 바였고 그들의 사고방식에 반영되었다. 그렇지만 이것들이 중세의 사상에서는 근대에서 자명하게 받아들여지던 것과 다른 의미를 갖게 되었는데, 그것은 가치판단이 달랐기 때문이었다. 중세 절정기와 후기에 시장 활동은 "대체로 근대적 의미의 경제학에 …… 경험적이고 실질적인 자료를 제공해줄 수" 있었다. 그럼에도 불구하고 시장이 아니라 집에서 생겨나고 고안된 살림학이 '지배력을 유지했고'[249] 따라서 이후에도 현실을 이해하는 방식까지도 결정했고 근대에 이르러서야 비로소 '쇠퇴했다.'[250] 브루너가 제대로 잘 지적했다시피, '경제'라는 단어의 이 두 가지 대립적인 의미 뒤에는 그리고 "집과 시장에서 출발한 두 경제사상의 대립에는" 두 가지 "근본적으로 다른 역사관"이 대립하는데, "이 두 가지 모두 '살림살이에 관한 것'이라고 해도 무방하다." 그러다가 결국 이 단어의 의미전환에 맞추어 중세의 '경제'가 근대적인 것으로 그리고 "옛 유럽의 살림학이 근대적인 경제학"으로 바뀌는 '아주 깊은 역사적 전환이'[251] 일어났다.

오토 게르하르트 왹슬레|Otto Gerhard Oexle

오토 게르하르트 왹슬레 Otto Gerhard Oexle(1939~2016)
1965년 프라이부르크대학에서 박사학위를 받은 후 뮌스터대학을 거쳐 1980년 하노버대학에서 정식 교수로 임명되었다. 1987년부터 2004년에 퇴직할 때까지 괴팅겐에 소재한 막스플랑크역사연구소의 소장을 지냈다. 중세사와 역사이론에 여러 중요한 업적을 남겼다.

근대 초기(16~18세기) 가정학에서 '경제'와 '살림살이'

CHAPTER IV

'Wirtschaft' und 'Ökonomie' im Kontext der frühneuzeitlichen Hauslehre (16.–18. Jh.)

IV. 근대 초기(16~18세기) 가정학에서 '경제'와 '살림살이'

●●● 　　18세기 이전에 '경제Wirtschaft'와 '살림살이'에 대한 근대적인 인식은 거의 등장하지 않았다. 그렇지만 '경제'라는 이 단어는 이미 16세기와 17세기에도 자주 사용되었다.[252] 옛 독일에서 이 단어의 주된 뜻은 '접대, 손님식사'를 뜻했는데, 이는 가정의 형편을 고려해야 하는 '집주인Wirt'의 역할 때문에 나왔고, 현재에도 숙박업의 직종을 뜻하는 단어에 그것의 특별한 의미가 남아 있긴 하지만 16세기 말부터 이런 의미가 점차 줄어들었다. 이외에도 사람들은 18세기까지 농부의 결혼식이나 혹은 궁정의 가면무도회와 같이 몇몇 특별한 형태의 잔치를 가리킬 때에도 'Wirtschaften'이라고 불렀다.

이 단어의 발전은 개념사적으로 관련이 없었던 이러한 어휘 집단들과 언어학적으로 무관하게 이후의 시기 곧 근대 초기의 독일어에서 비로소 시작되었다.[253] 16세기 이래 '보호자Wirt'라는 단어는 '주인장Hausherr'이라는 의미로 잠시 사용되었지만, '가정과 재산에 대한 관리'라는 의미의 '경제Wirtschaft'라는 단어가 파생하면서 그 뜻이 영구히 바뀌었다. 물론 처음에는 재산을 강조하는 부분이 그렇게 선명하지 않았다. 이 용어가 품은 내용이 풍부하여 17세기에는 명료한 표현('가정경제Hauswirtschaft', '농촌경제Landwirtschaft', 심지어 '경제학Wirtschaftswissenschaften')들이 만들어졌지만, 대체로 초기 문헌에서 종종 전혀 확실한 형태를 갖추지 못했고 오늘날의 의미로는 거의 해석되지 않는다.[254] 근대에도 보편적인 경제생활, 특히 물질생활의 필요성과 재화의 생산을 지칭하는 사례를 18세기 이전에는 찾아볼 수 없고 19세기에 비로소 관철되었다. 요컨대 이 단어의 근대 초기의 역사를 더 천착해봐야 하는 이유는 우선 이 '경제Wirtschaft'라는 단어가 가정과 가사의 관리에 밀접하게 연관되어 있기 때문이다.[255] '살림살이'는 16세기와 17세기 독일어 텍스트에서도 라틴어[Oeconomia]로 표기되었다.[256] 16세기부터 알려진 독일어식 표기는 'economey'이다.[257] 17세기부터는 'Öconomie'라는 표기가 널리 퍼졌던 것으로 보인다.[258] '살림살이Ökonomie'라는 단어는 근대 초기에 아리스토텔레스식 의미의 가정학을 지칭하는 기술적 용어로 사용되고, 거기에서 '경제'라는 단어 및 그 의미의 변화와 밀접한 관련을 맺었다.

1. 가장귀감서에서 '살림살이'-'가정 유지'*-'경제'라는 삼각 개념의 정립

'경제'라는 단어가 집과 '살림살이'라는 용어와 확고한 연관을 갖게 된 결정적인 이유는 바로 당시 '가장귀감서Hausväterliteratur'[259]라는 새로운 문학 장르가 널리 퍼졌기 때문이다. 가정은 숭고한 존재로서 필요하다는 점이 이 장르의 원칙으로 관철되었는데, 말하자면 가정은 공간적이고 물질적인 통일체이자 동시에 인간의 연합체로서 그에 부과된 실제적인 활동 영역을 지닌 포괄적인 존재로 여겨졌다. 거기에서 문학적으로 표현된 실제적인 사회구성물로서 가정이란 아직도 대개는 농촌에서 지주가 중심이 된 것이었다. 이 장르 전체가 이렇게 아리스토텔레스와 크세노폰의 전통을 직접적으로 따르고 있다는 점은 이 용어에서 중요했다. 종교개혁가였던 유스투스 메니우스Justus Menius가 1529년에 서술한 가정학 책은 후기 문헌에 나오는 무겁고 기술적인 내용이 아직 포함되지 않았지만, 이교도 철학자와 노골적으로 싸움을 벌이며 그렇게 적과 마주한 상황에서 의탁을 고백하는 심정으로《기독교인 살림살이》라는 제목을 달았다.[260] 이 단어가 완성된 형태를 띤 최초의 사례가[261] 1593년 요하네스 콜러Johannes Coler의 책이었는데, 이것도 제목이 살림살이Oeconomia였고 나중에 살림살이 책자 혹

---

* [옮긴이] Haus/halt는 집과 유지를 단어의 합성어로 가계家計라는 뜻이다.

은 가정지침서Opus Oeconomicum oder Haußbuch로 불렸다.[262] 또한 가정학과 관련된 다른 서적도 이미 제목만 봐도 내용을 분명히 알 수 있었다.[263]

이와 관련된 고전어를 독일어로 번역할 때 '가정Haus'이라는 단어를 근간으로 했다. 메니우스는 아리스토텔레스의 용어와 구성을 다음과 같이 그대로 독일어로 바꾸었다. "살림살이, 그것은 가정을 유지하는 것이고, 정치, 그것은 나라를 다스리는 것이다 Oeconomia/dat ys hußholdinge/vunde Politia/dat ys landtregeringe." 그는 또한 '가정의 통치Hausregierung'라는 용어도 시도했지만, 결국 관철된 단어는 '가정의 유지Haushalten'였다.[264] "살림살이 혹은 가정의 유지라고 말하는 것Was Oeconomia oder Haußhaltung sey"이라고 콜러는 설명했고,[265] 그렇게 이중으로 나란히 번역된 흔적은 이후의 제목에서 계속 찾을 수 있다.[266] 크세노폰의 개념인 '살림꾼 Oikonomikos' 혹은 그것의 라틴어 형태인 'Oeconomus'에 해당하는 단어는 결국 대부분 '가정의 아버지Hausvater'라는 용어로 바뀌어서—메니우스의 저작에 이미 나오는 것처럼[267]—호베르크Hohberg* 저작에서는 '기독교적 가장Christlicher Hausvatter'이라는 단어로 번역되었고[268] 아예 가장귀감서라는 장르의 명칭에도 남았다.[269]

---

* [옮긴이] 호베르크Wolf Helmhardt von Hohberg/Wolfgang Helmhard Freiherr von Hohberg(1612~1688)는 현재 오스트리아 랑엔펠트Langenfeld 출신의 작가로서 군인으로 30년전쟁에 참여하기도 했고 조그마한 농장을 일궈 부를 축척하기도 했다. 프로테스탄트로서 박해받아 레겐스부르크에 정착해서 그곳에서 사망했다. 독학으로 많은 저술을 했으며 특히 베르길리우스의 《농경시Georgics》를 이어받은 백과사전식 《농경생활서Georgica curiosa》로 유명하다.

그렇지만 이 개념의 역사에서 훨씬 더 영향력이 컸던 것은 두 번째 번역 과정이었다. 이때 바로 '경제Wirtschaft'라는 단어가 전파되면서 확고한 의미가 생겼기 때문이다. 메니우스는 '보호자Wirt'의 원래 의미 가운데 일부를 받아들이면서도 '가장haußvater'이라는 뜻을 누락시켰다.[270] 이에 따라 '가정의 유지Haushalt'라는 단어와 나란히, '가정경제Hauswirtschaft' 혹은 간단히 '경제Wirtschaft'라는 단어가 '살림살이Oeconomia'에 대응하는 단어로 사용되었다. 살림살이의 저술가들은 '가정의 유지 혹은 가정경제Haußhaltung oder Hauswirthschaft'라는 제목을 채택했다고 콜러의 저서가 전한다.[271] 호베르크는 '경제Wirtschaft'라는 단어를 기꺼이 사용했고, 집안의 가계 유지와 관련된 모든 분야의 행위에 대한 용어로 관철시켰다.[272] 그는 경제라는 개념을 정의하는 것이 이미 쓸데없는 일이 되었다고 밝히면서도, 다음과 같이 하나의 정의를 제시하기도 했다. "그렇지만 사람들이 비난하지 않는다면, 나는 경제를 다루지만, 그것이 무엇인지를 밝히지 않는다. 그렇게 하지 않아도 누구나 다 아는 일이고 인간생활은 그것 없이 존재할 수 없기 때문에 애초에 나는 그것이 불필요하다고 생각했다. 그렇지만 그것을 가장 짧게 말해본다면, 살림살이Oeconomia는 가정경제Hauswirthschafft를 행복하게 도모하고 이끌고 유지하려는 현명한 조심성에 다름 아니다."[273] 이것은 명쾌하기보다는 비슷한 뜻을 반복하는 느낌이지만, 가정의 영역에서 '경제Wirtschaft'와 '살림살이Ökonomie'가 나란히 정착되었다는 점을 입증한다. 이 단어들이 개별적으로 사용되면 의미가 곧바로 더 구체적이거나 더 추상적으로 되지만, 일단 먼저 가정이라는 확실한 단위가, 이어 다시 가정활동이 연상되기 때문에, 결국에는 가르침 자체와 가르침의 대상 사이에서 유동적인 의미를 지녔다. 그렇지만 "가장이 자신의 가계를 관리하는 것이 좋은 경제이자 살림살이"[274]라는 경우처럼, 이후에 곧바로 용어상 확고한 결합이 이루어졌다는 점은 분명하다.

이러한 가장귀감서 저작들과 옛 살림살이 문헌들에는 이 용어의 역사와 관련된 발전 경로가 반영되어 있을 뿐만 아니라, 이 저작들이 여러 판본과 이본異本을 거치면서 그것을 구성하는 전문용어가 아마도 스스로 결정적으로 관철되었다. 외래어인 '살림살이 Oeconomia'가 문헌상으로나 이론상으로 필요해서 들어오고 그에 상응하는 독일어가 나란히 등장했는데, 이는 민중의 언어가 자동적으로 문헌에 정착하는 과정을 밟았다기보다는 오히려 사람들이 문헌의 용어를 통해 비로소 체득했다. 근대 초기의 가정학이라는 배경 속에서 이 개념의 삼각구조, 곧 그 핵심에 '살림살이'–'가정 유지'–'경제'라는 세 개념이 단단히 결합된 삼각구조가 만들어졌다. 18세기 후반 이러한 구조에서 '가정 유지'라는 개념이 탈락하고 가장귀감서라는 장르 전체가 사라질 즈음에도, 오래 지속되어 온 '살림살이'–'경제'의 결합은 유지되었고 향후 의미변화를 함께 겪게 되었다.

2. 기독교적 가정학과 소유 및 벌이에 대한 태도: 살림 덕목Virtutes oeconomicae

고대 살림살이의 전통이 근대 초기에도 여전히 기독교적으로 해석되었지만 중세와는 달랐다. 중세 때에는 세계나 교회가 하느님의 가정으로 의미가 확대됨으로써, 모든 기독교적 고양 상태에 도달하기 위해서는 항상 구체적이고 세속적인 가사家事에서 출발했다. 그 결과 비록 지상의 세속적인 가장이 천상의 가장과 관계를 계속 맺을 수는 있었지만, 이것은 이를테면 독실한 신심이 바라는 결과이지, 더 이상 정교한 구원경륜救援經綸(heilsökonomisch)*의 구성물이 아니었다.[275] 이렇게 특별한 신학적인 의미로 인해 세속적인 살림살이에 관한 개념의 역사는 단절되었다.**

가정에 대한 새로운 기독교적 가르침은 우선 종교개혁과 루터와 연관되는 특징을 보였다. 특히 실질적으로 의미가 있었던 것은 이른바 가훈표, 곧 부부 사이의 올바른 관계뿐만 아니라 자식과 하인에 대한 올바른 관계를 위해서 지켜야 할 신학성서의 인용 문구가 루터의 《소교리문답》에 포함됨으로써 널리 퍼졌고, 그렇게 해서 가정의 생활 형태가 종교적인 색채를 상당히 띠게 되었다는 점이다.[276] 이로 인해 집안의 인간관계를 부분적으로 다루기 시작

---

* [옮긴이] 천지 창조 이전 영원으로부터 하느님의 의지 속에 감추어져 있던 구원의 계획을 뜻한다.
** [옮긴이] 그러므로 때에 따라서는 '기독교적 살림살이'를 경륜으로 번역했다.

했던 가장귀감서에 이상적이고 종교적인 규범이 스며들었다. 근대 초기 살림학에서 돈벌이를 의심하고 부정적으로 본 것도 아마 기독교가 종파의 한계를 빨리 뛰어넘어 함께 이에 대응했기 때문일 것이다.

그렇지만 가정에 대한 새로운 기독교 교리는 정신적인 면만 지향하지도 않았고 재산에 비판적이지도 않았다. 메니우스는 1529년 물질공동체를 죄악시하는 사고방식에 분명하게 반대했다. "이에 따라 사람들은 이제 기독교 교리에 따라 어떻게 살림살이를 해야 하는지를 알고 이내 다음과 사실을 깨닫게 될 것이다. 즉 예수님이 사람들에게 아무 것도 가져서는 안 되고 모든 물건을 공유하여 사용해야 하고 자신의 살림과 식량을 갖는 것을 금지했다고 하는 것이 얼마나 잘못되고 타락한 가르침인지 말이다. 그러므로 우리는 여기서 기독교적 경륜Oeconomia를 설파하고 있는 성서와 하느님 말씀, 그리고 사람들이 하느님과 더불어 그러한 좋은 가계家計를 어떻게 운영하는지를 보여주고자 한다."277 여기에서 그는 성서에 근거하여 재산을 비판한 좌파 종교개혁가의 논리를 반박하기 위해, 마찬가지로 똑같이 기독교 교리에 근거한 반대의 본보기를 제시하면서, 애초부터 재산을 아예 인정하는 가정학을 구상했다. 이 가장귀감서는 물질생활의 유지를 위한 토대를 상기시키면서 살림살이를 정의할 때 그 점을 염두에 두었다. "누구에게나 잘 알려져 있듯이 집안을 건사하는 기술은 경제Wirtschafft라고 불리기도 하는데, 이는 바로 가장이 세속적인 재물과 육체에 필요한 식량이 잘 제공되고 있는지를 관리함으로써 집안이 올바르고 정리된 상태를 말한다. 원래 살림살이라는 단어가 품고 있는 뜻이 그러한데, 이는 그리스어로 집이라는 단어와 법 혹은 제도를 뜻하는 단어가 합쳐져서 만들어진 것이다."[278] 재산을 유지하고 돈벌이를 찾는 의지도 긍정적으로 평가되었다. "올바른 살림꾼이란 혼자서 돈을 벌기만 해서는 안 되고 돈을 조달하기도 해야 하며 또한 벌어온 것을 유지하거나 관리하여 필요한 때에, 명예로운 데, 먹는 데, 그리고 봉사하는 데 사용할 수 있도록 해야 한다."[279] 이를 좀 더 극적으로 표현하자면 이렇다. "안락을 추구하는 독자는 다행이도 이 책이 필요한데 그는 이를 통해 부유해지고 더 많은 재화를 갖게 되거나 이미 누리고 있던 안락감을 유지하고 지속할 것이다. 그러다보면 돈벌이가 모든 가사활동의 궁극적인 목적으로 간주되곤 한다."[280]

이 인용문은 물론, 이보다 앞서 '비열한 소득'을 가계의 주된 목적으로 간주하거나 다른 사람을 희생하여 무엇인가를 벌어들이는 것을 경고했던 견해[281]와는 대립된다. 이들 사이에서 우세했던 중도적 관점은, 올바른 기독교적 사고방식으로 행한 농촌 가장의 수입과 여전히 의심스러운 것으로 남아 있는 상업적 수입을 서로 대립시켰다. "그렇지만 다른 사람의 이익을 가로채지 않고 또 죄악을 저지르지 않으면서 할 수 있는 가장 명예로운 돈벌이는 땅을 경작하는 것이며 부지런히 가내경제를 행하는 것이다."[282] 이렇게 제약이 따르긴 했지만, 그 제약 내에서는 물질적인 생업 활동이 정당화되었다.

요컨대 '살림살이'와 '경제'라는 한 쌍의 개념이 하나의 영역에 둥지를 틀었다. 거기에서 사실상 물질적 생활토대가 형성될 뿐만 아니라, 생계유지, 재산, 생업도 실질적으로 이루어졌다. 그렇기 때문에 근대적인 용어의 변천에 대한 연결고리가 거기에 존재했다. 달리 말하면 당시에는 두 가지 연결고리가 존재했다. 그 첫째는 비록 고대살림학Altökonomik이었지만, 그래도 이것의 목적은 생활상의 물질적 필요를 충족시키는 것만이 아니었다. 이것은 단지 경제적 입장만이 아니라 가능한 모든 지식 분야와—아리스토텔레스의 전통에서—특히 집안 내의 사회관계망까지 포함했고, 심지어 그 개념에도 이것이 반영되었다.[283] 그렇지만 두 번째 연결고리는 근대적이며 다양한 경제적 사상이었다. 집안을 잘 건사하여 필요한 욕구를 충족하고 그것을 뛰어넘어 이익까지 내려는 기대감까지 표출되자, 사람들은 가계의 지출과 수입을 서로 견주고자 시도했는데, 아직 비용—이익의 계산법은 아니었다. 그래도 여기에서는 개념사적인 발전의 가능성이 분명히 엿보인다. 곧 비물질적인 의미가 탈각되고 물질적인 부분만 새롭게 포섭되었다. 그러나 이것은 하나의 장르 내에서 일어난 과정이 아니라, 그 장르를 뛰어넘어 개념까지 함께 가져온 진행이었다.

이러한 이중적 모습은 이 분야에서 가장 흥미롭고 더 새로워진 내용 가운데 하나에서 드러난다. 기독교와 관련된 가정학 분야에서는 16세기와 17세기에 모범적인 행동의 규범으로서 근면과 절약이 선전되었고, 이는 당대인의 명명법[284]에 따르면 '살림 덕목 virtutes oeconomicae'이라고 불렸다.[285] 이처럼 기독교가 근거를 제공한 살림 덕목은 분명 실제로나 언어상으로 모두 근대적인 의미의 경제적 태도와 계보학적인 연관성을 갖는다. 그 덕목의 본보기는 개신교뿐만 아니라 모든 종파에 똑같이 영향을 미쳤으며, 기독교적인 고대살림학에 전보적인 요소를 부여했다. 다른 한편으로 이것이 또한 정리와 청결 등 살림 덕목 이상의 것을 요구했는데, 이러한 내용은 비록 근대 세계와는 관련성이 있었지만 근대의 '살림살이' 측면과는 그다지 관련이 없었다. 이렇듯 살림 덕목의 몇 가지는 살림살이에 대한 근대적 이해방식을 예고했지만, 전반적으로는 근대 초기의 가사활동에 대한 포괄적인 덕목 체계였다.

3. 농지관리Landwirtschaft*로서 경제

근대적인 살림학의 토대가 놓이는 시기에 가까워졌을 때, 사람들은 '살림꾼Ökonomen'이라는 단어를 '경제학자Volkswirt'라기보다는 오히려 '농부'로—혹은 구체제 말기의 고상한 사회상류층이 사용한 독일어로는 '농민Landmann' 혹은 '토지관리자Landwirt'로—이해했다. 이는 '살림살이'와 '경제'라는 한 쌍의 개념이 근대 초

---

* [옮긴이] 문자 그대로 해석하면 토지/관리 혹은 농촌/경제인데, 현대 독일어로는 농업이라는 뜻이다.

에 가장 중요한 의미 전환을 겪으면서 영향을 준 결과인데, 이는 가장귀감서의 발전과 밀접한 관련성이 있다. 곧 전승된 가정학이 더욱 더 농업을 중점으로 삼게 된 것이다. 아마도 뒤늦게 수용된 크세노폰의 저작, 곧 농촌생활에 대한 예찬으로 읽힐 수 있는 그의 '살림학'을 통해, 가장귀감서는 그리스식 가정학을 로마 농업 작가의 전통과 밀접하게 결합시켰다.[286]

가장귀감서라는 장르가 이렇게 가정학을 농업과 확고하게 결합시킨 특징을 보여준 것은, 짐작컨대 중유럽에서 역사적 주도권이 도시에서 농촌으로 옮겨간 16세기 농업의 경제주기와 관련성이 있다.[287] 어쨌거나 그곳의 표준적인 가계인구 가운데 80퍼센트가 농촌가정이었으며, 심지어 당시 도시가정이라고 할지라도 여전히 농업의 경제활동과 크게 연관되었다. 독일에서 '가장귀감서'라고 부르던 장르도 경제적으로 뒤떨어진 지역의 이른바 주변적인 현상이 아니었다. 남부와 서부 유럽에서도 근대 초기에는 농촌과 관련된 가정학 문헌의 형태가 널리 퍼졌다. 여기서도 중유럽과 아주 유사하게 경제 요소인 토지가 강조되었는데, 이는 영업경제의 수익성이나 경제 전체의 연관성 때문이 아니라 가정 관리와 도덕 때문이었다.[288] 영국에서 주로 '살림살이/농사husbandry'라는 단어가 사용되었던 이 유형의 가정학도 18세기 중엽에야 비로소 새로운 형태의 농경제학 문헌으로 대체되었다.

가정학이 농업과 관련됨으로써 용어에도 영향을 미쳤다. 콜러 Coler 책의 원래 제목이 이를 반증하는데. 그 명칭은《농촌과 가내의 살림살이*Oeconomia ruralis et domestica*》(1593)로서 이처럼 '농촌의 살림살이'라고 규정한 것은 분명히 '가내의 살림살이oeconomia domestica' 역시 따로 존재해야 한다는 동어반복의 확증이 필요했기 때문인 것처럼 보인다. 호베르크의 《농경생활서*Georgica*》도 이미 제목이 암시하듯 고결한 농촌의 삶을 노래하지만, 진정한 가장 귀감서에 다름 아니었다. 그는 예상 독자층을 밝힐 때 농촌과 가내라는 콜러의 이중적 관계를 독일어로 바꾸어 표현했다. 곧 이 작품은 "독일에 존재하는 모든 농촌-경제와 가정-경제를 겨냥했다."[289] 그렇지만 더욱 중요한 점은 실제 내용이 농업에 대한 것이라 별다른 추가적인 사항이 없어도 고대 살림살이의 용어들이 바로 농업적 색채를 띠게 되었다는 것이다.

17세기와 18세기에 농서農書에 나오는 용어는 전반적으로 혼란스러울 만큼 다양했다. 18세기 후반으로 거슬러 올라가는 어느 서적 목록에는 '농지관리Landwirtschaft를 강의하는 독일인 교사들'라는 칸이 있는데, 여기에 나온 제목들(62개 제목)을 분류하면 다음과 같다. 한 집단이 사용한 강의 제목으로는 '가계'(11개), '가정경제'(6개) 혹은 '가장'(5개) 혹은 그와 유사한 것들이 있었다. 다른 집단은 농업적 특성을 따로 부각시키지 않은 채 '살림살이'(16개) 혹은 '경제'(7개)라는 단어만으로 강의제목을 뽑았고, 또 다른 집단은 이미 분명하게 '농촌경제' 혹은 이와 비슷한 전문용어(9개)를 사용했다.[290] 이러한 경향으로 인해 용어가 더 명확해졌는데, 이미 18세기 초에는 용어상의 실험, 곧 '농촌 경제'와 '도시 경제'를 대립시키는 실험이 이루어졌고, 이는 경제를 상위 개념으로 두는 최초의 언급이다.[291] 그렇지만 이렇게 일찍 단어를 설명하려는 시도는 간간히 등장할 뿐이다. '살림살이'와 '경제'라는 두 개념에서 농업적 요소가 강조됨에 따라, 그것들이 근대적인 산업세계로부터 더욱 더 멀리 떨어지는 것처럼 보이기도 하지만, 결국에는 이들 개념의 근대적인 의미 전환에 유리하게 작용할 터였다.

4. 가장귀감서의 쇠퇴와 영방국가 사이의 연관성

'가정의 유지[家計]', '살림살이', '경제'라는 개념이 농촌에서가 아니라 근대 초에 국가 일선에서 사용되면서 이들 용어의 사용에서 다른 전이를 경험했다. 아리스토텔레스의 모호한 분류법에 기대어 사람들은 '살림학'과 '정치학' 용어를 나란히 놓을 수 있었지만, '가정의 교리[가정학]'과 '영방의 통치Landesregierung'라는 용어도 서로에게서 기원을 찾을 수 있었다.[292] 그래서 궁정도 하나의 가사家事로 여겨, 제후도 가장처럼 관리해야만 했다. 어떤 이는 여기에서 구체적인 집안일과 궁정의 가계를 떠올렸고, 어떤 이는 영방국가 전체의 관리를 떠올렸지만, 대체로는 그렇게 서로 구분되지 않았다. 물론 근대 초기에는 일에 따라 나누어 관리되었지만 말이다. 어찌됐든 다음과 같은 말이 통했다. "가사, 그것의 정돈, 제도, 관리는 하나의 통치 및 그것의 관리와 많은 점에서 아주 잘 비교될 수 있다."293

이러한 용어가 하나의 작품 전체에서 널리 사용될 가능성을 보인 것은 1719년 플로리누스Florinus*의 다음 연작이었다. 그는 먼저 《평민의 살림살이die gemeine Oeconomie》를 저술했기 때문에, 다음은 당연히 《궁정의 살림살이die Oeconomie des Hofes》를 서술했어야 했다. 후자의 출발점은 "제후의 궁정-국가라는 기관"이었지만, 이후의 장章에서는 통치행위 전반을 다루었다. 이로써 궁정 살림살이가 재정적 관계에서 "거대한 국가-살림살이, 곧 모든 신민의 안녕이 달린" 문제로 확대되어 개념사의 시야에 등장할 수 있었다.294

여기에서 나타난 용어의 발전은 가장귀감서의 차원을 뛰어넘는 것이었다. '국부國父'라는 개념은 예컨대 '훌륭한 가장'이라는 가부장적인 권위와 역할을 암시하기 때문에, 이 용어에도 가정과 국가의 영역 사이의 유사성이 보존되어 있다.295 물질적인 관점에서 18세기 초에 "제후와 개인의 살림살이"가 모두 관심을 끌기 시작했으며, 중상주의적 경제 정책에서는 바로 '공공의 살림살이 Oeconomica Publica'를 연상할 수 있었다.296

'살림살이'라는 요소가 이 개념에서 탈락된 것은, 그 용어를 널리 퍼뜨렸고 확고하게 결합되었던 가장귀감서가 쇠퇴했기 때문이었다. 국가 등 몇몇 전위적인 특성의 용어를 살림살이 분야에 끌

---

* [옮긴이] 플로리누스Franz Philipp Florinus(1649~1699)는 베스트팔렌 출신의 개신교 목사로서 살림살이와 농사를 실제로 경험했고 여러 책을 집필하고 편집했다.

어들였던 장본인인 율리우스 베른하르트 폰 로어Julius Bernhard von Rohr조차도 1716년에 이미 과거의 가정학을 더 이상 이해하지 못했거나 아니면 논란 때문에 그것을 이해하지 못하는 척 했다. 곧 "이른바 가사 관리에 관한 책들을 두루 살펴보면 모두 거의 똑같다는 점을 발견하게 된다. 이것들은 대개 토지와 경작지 살림살이를 묘사할 뿐이고 도시와 가정의 살림살이에 대해 몇 가지를 같이 언급하긴 하지만, 가장이 부인, 자식, 하인 등에 대해 짊어져야 할 의무와 학습을 다룰 때에도 관련이 없는 다른 자료를 던져놓을 뿐이다. 비록 가장이 그러한 일들을 알아야 하지만 집주인으로서가 아니라 기독교인으로서 혹은 이성적인 인간으로서 그렇게 해야 한다. 마찬가지로 몇 가지 법률적이고 의학적인 사항도 다루어져야 하는데, 그것도 역시 제시되어 있지 않다."[297]

이것은 한 장르에 대한 최초의 비판적인 이별가인데, 그럼에도 불구하고 18세기에는 일단 그 장르가 유지되었다.[298] 물론 이들 제목의 목록을 보면 '총체적 가정'*의 영역이 줄어들고, 그 결과 주부Hausmutter라는 용어가 마침내 제목에 들어오게 되지만 말이다. 한편에서는 가족생활과 살림이, 다른 한편에서는 생산과 생업이 서로 점차 분리된 길을 걷게 되면서, 사회적 단위로서 가정의 쇠퇴는 결국 용어와 장르까지도 분열시켰다. 곧 가장귀감서는 가사 안내서나 가족 기도서로 전환되었다. 그렇지만 '살림살이'와

---

* [옮긴이] 앞서 나온 브루너의 개념을 말한다. 서문 참조.

'경제'라는 한 쌍의 개념이 생업의 세계로 들어왔고, 거기에서 실제와 이론의 발전이 이루어졌으며, 이는 다시 새로운 개념으로 이어졌다.

상업적 대상과
이론의 영역 확대
(16~18세기)

CHAPTER V

Der Ausbau eines kommerziellen Gegenstands- und Theoriebereichs (16.-18. Jh.)

V. 상업적 대상과 이론의 영역 확대(16~18세기)

1. 보편적 이익과 상업금융

●●● 근대 초 경제 현상에 대한 당대의 인식을 확인해 주는 문헌 증거 가운데 특히 언급할 만한 가치가 있는 것은 관헌 당국의 수많은 규정이다. 그렇지만 거기에서는 '살림살이'와 '경제'라는 두 용어 자체가 아직 중요한 역할을 하지 않았다.[299] 따라서 이 연구에서 이들 용어를 사용하긴 하지만 그것은 순전히 분석적인 판단으로, 사후적으로나마 이 주제의 통일성을 기하기 위해 이들 근대적인 개념을 사용한 것일 뿐이다. 16세기와 17세기에 신성로마제국과 영방국가의 법령은 독신瀆神과 예배 참석, 고리대금업과 나태함, 그리고 술집과 도제 훈육에 이르기까지 온갖 일상생활을 규정하고자 했기 때문에, 독자적 영역으로서 경제에 대해서는 아직 그 어떤 인식도 발견하기 어렵다.[300]

당시의 관점에서 모든 것을 정당화시키는 표제어는 '보편적 이익'이었는데, 이것은 도덕적이고 물질적인 측면을, 말하자면 일반적으로는 법적인 측면을, 특수하게는 경제적인 측면을 포함했다.[301] 그 배후에는 '공공복지gemeine Beste'라는 개념이 있는데, 이 개념을 통해 국가가 비로소 점차 적극적인 복지 정책, 그렇지만 우선적으로는 구舊신분제적 법질서와 평화체제를 모두 보호하는 업무를 맡게 되었다. 그래서 많은 경제적 조치들은 구신분제 법령의 보호와 그것이 규정한 생계 보장에 기여했다. 이렇게 공동체의 안녕과 신분제적 직업 이념을 강조하는 정치적이고 법률적인 총괄 규정은 폭발적인 요소를 품고 있었는데, 16세기에 나름대로 주목을 끌고 격렬하게 논의되었다. 이들 요소가—거래와 금융의 요소—개념사의 발전에도 깊은 영향을 남겼다.

상인은 옛 유럽의 신분제 질서에서 한 자리를 차지했으며 상업 명문가의 오랜 지도적인 위상 덕분에 존경을 받았다. 그렇지만 상업 행위가 특히 점차 증가하는 금융경제와 시장 활동과 결합하게 되면서 신분제 전체를 위협했다. 상업자본의 주도권이 이탈리아에서 북부 독일로 넘어갔을 때, 신성로마제국 내에서 진행되었던 논쟁들에 의해 이러한 사실은 분명 처음으로 일반인의 의식 속에 스며들었다. "할 수 있는 만큼 이익을 얻는"[302]다는 것을 좌우명으로 삼았다는 야콥 푸거Jakob Fugger는 상업이익을 무제한적으로 이끌어내려는 사고방식의 상징적 인물이 되었다. 이러한 초기자본주의의 등장에 대항하여 대중저술과 법 제정에서 가격 상승에 대한 분노와 신분제 존재 양식에 대한 우려, 그리고 종교개혁의 자극 등이 강력한 방어전선을 구축했는데, 이것들은 체제를 붕괴시킬 상업금융의 영역을 에워싸듯 대치함에 따라 훨씬 더 두드러져 보였다.

대중저술의 차원에서는 이를테면 루터가 '악랄한 푸거가 verdammte Fuckerei'라고 공격했고 비판했다. 곧 "가물치가 바다에 있는 조그마한 물고기를 잡아먹듯이, 이 집단들은 모든 소상인들을 압박하여 망하게 만든다."[303] 또한 농민전쟁 때에도 일부 봉기집단은 거대상업의 철폐 혹은 제한을 요구했다.[304] 제국의 차원에서 거대상업과 독점에 대항하는 대중투쟁은 이미 1512년의 제국결의안Reichabschied*과 카를 5세의 선거공약Wahlkapitulation(1519)** 으로 나타났고, 무엇보다도 5만 프랑크 이상의 자본을 보유한 회사를 금지한 규정이 1522/23년 뉘른베르크 제국의회에서 수용되었다. 그렇지만 이미 자기 황실의 이익과 푸거가의 신용이 단단하게 결합되어 있었기 때문에, 카를 5세가 칙령을 통해 이번에는 '보편적 이익'이 상인집단의 자유 및 그들의 원래 독점권에 위배되지 않다고 공표했다.[305] 막 형성되어가는 국가가 상업 분야에서 취할 중상주의적 조치를 예고한 셈이다.

이러한 논쟁에서 화폐 교환에 관한 전승된 두 가지 중대한 문제,

---

* [옮긴이] 1512년에 열린 제국의회 결의안은 독점을 금지시켰다.
** [옮긴이] 1519년 신성로마제국의 황제로 선출된 카를 5세가 제후들과 맺은 공약서에서는 거대한 상업회사를 금지시킨다는 조항이 들어 있다.

곧 이자와 가격의 문제가 다시 아주 첨예하게 제기되었다. 이자 문제에서는 적극적 손해damnum emergens와 소극적 손해lucrum cessans*라는 손실 규정, 이자 판매의 취급 형식, 그리고 금융업에서 발전된 다른 정신적 세속적 강제력을 근거로, 점차 이자를 용인하는 분위기가 형성되었다. 이에 종교개혁가들은 이자놀이에 대한 일반 민중의 반응과 똑같이 아주 거세게 반발했다. 루터의 저작들 가운데 적어도 네 편이 오로지 대금업에 관한 것이었는데,[306] 이 때문에 마르크스 이후 경제사가들은 이 종교개혁가를 최초의 독일 '국민경제학자'라고 주장하기도 했다.[307] 대금업 문제에 관한 루터의 태도는—경제적으로 말하자면—소비자 관점을 대변하고 있지만, 신학적으로 논증함으로써 기본적으로 신분제적이고 자연경제적인 도덕에 집착한다. 과거지향적인 관점에서 나온 이러한 비판은 19세기에 자본주의를 공격할 때에는 공감도 샀지만 그에 못지 않게 비난도 있었고, 그 비난 속에는 오히려 다가오는 상업과 화폐의 세계, 특히 자본의 세계가 아주 두드러져 보였다.[308]

가격에 대한 일반인의 관심이 집중된 실제 역사적 배경은 16세기의 폭발적인 가격 상승이었다. 이것이 처음에는 독일에서, 그 다음에는 에스파냐에서 시작했고, 그 결과 독일의 곡물가격은 세 배나 뛰었다. 종교개혁가들에서 강한 영향을 받았던 일반인은 이

---

* [옮긴이] 적극적 손해는 이미 가지고 있던 재산이 멸실되거나 훼손되어 발생하는 감소를 말하고, 소극적 손해는 이에 반해 얻을 수 있었던 새로운 재산의 취득이 방해를 받아서 이루지 못하여 생겨나는 재산 감소, 곧 얻을 수 있었던 이익을 얻지 못하고 상실한 상황을 말한다.

익을 좇는 상인의 탐욕을 훗날 가격 혁명으로 부르게 될 이 현상의 원인으로 지목했고, 이들 탐욕은 당국의 가격세와 도덕적이고 신학적인 호소를 통해 제한되어야 한다고 보았다.[309] 첨언하자면, 이러한 신분제적 이익과 생업에 대한 사고방식에서 16세기에 특이한 문제 영역, 곧 상인 신분에서 유래했고 상업과 화폐의 문제를 둘러싼 영역이 등장했다. 뉘른베르크의 한 상인이 대금업자에 대한 루터의 설교를 비웃었을 때, 어느 누구도 그 상인이 루가복음을 해명할 만한 능력을 갖고 있다고는 생각하지 않았다. 반대로 루터의 경우도 마찬가지였다. 그가 이자에 대해[310] 말함으로써 앞으로 그것의 영역과 능력에 대한 관심이 늘어난다는 점을 드러내주었다. 상업금융을 둘러싼 새로운 대상의 영역이 확정되고, 이제 용어가 정해지고, 나름의 고유한 이론이 만들어졌다.

2. '상업Kommerzien' 개념의 등장

상인의 영역이 확대되고 영향력이 커지고 있었다는 점은 상인에 대한 전문적인 문헌을 통해서 확인할 수 있는데, 이는 가장귀감서에 대한 시장 지향적인 대응물로 볼 수 있다. 이와 동시에, 가장귀감서와 마찬가지로, 이것도 다른 분야로부터 분리되어 더욱 기술적인 전문성을 추구했다.[311] 이러한 근대 초기의 용어 인식에서 흥미로운 지점은 볼펜뷔텔Wolfenbüttel의 헤르초크-아우구스트-도

서관Herzog-August-Bibliothek에 소장된 이와 관련된 풍부한 상업 저작들이 이른바 살림살이 문헌과 함께 분류된 것이 아니라, 명백한 종합 분류표가 없이 여러 분야, 곧 산술, 법학, 지리학, 정치학, 논리학 분야에 흩어져 있었다는 점이다.[312] 상업자본에 관한 독일어 어휘가 거기에서 출현했다. 곧 "열심히 일하고 거래하기를 원한다면 두 가지 사항이 필요하다. 그 하나는 그가 자본 혹은 기본 재산을 현금으로 갖고 있거나 그렇지 않으면 비축된 물품을 갖고 있음을 증명할 줄 알아야 한다. 그렇다 하더라도 이를 기반으로 상업을 시작하는 것은 어렵다."[313] 이로부터 상업의 영역이 용어상으로 처음 모습을 갖출 수 있었다.

그럼에도 불구하고 독일의 상업자본이 쇠퇴하여 '30년 전쟁' 때 최악의 상태에 이르게 됨에 따라, 제국 내의 문헌적 전통도 일단은 약해졌다.[314] 서유럽에서 자극이 오고 새로운 사회적 논의가 등장하자, 드디어 이에 대한 실제적인 발전이 이루어지고 개념사도 다시 움직이게 되었다. 상업분야 전반이 형성된 것은 이탈리아[315]와 네덜란드에서 있었던 선구적 진행이 이들과 경쟁했던 '상업국가 영국'에 장기적인 영향을 낳으면서부터였다.[316] 상업회사들을 둘러싼 논쟁에서 '거래trade'와 '상업commerce'이 대중저술의 대상으로 확대했고, 토마스 먼Thomas Mun, 에드워드 미셀던Edward Misseldon, 제랄드 드 말린스Gerard de Malynes와 같이 상인이었거나 혹은 상업 세계와 실질적으로 관련을 맺고 있었던 인물들이 나서서 한 나라의 명운을 가르는 것이 바로 상업회사의 전문기술과 이른바 무역 차액이라고 설득했다. 상인의 계산법에서 발전한 상업부기의 방식은 '상업의 순환 혹은 거래의 균형'으로 소개되었고, '무역에 의한 영국의 재보財寶'라는 의도된 제목으로 미화되었다.[317] 이렇게 국가가 상업적 관점을 견지하면서 그에 따른 행동원리도 규정했는데, 이는 아담 스미스 이후 '중상주의'라는 걸맞은 용어로 일컫게 되었다.

프랑스에서도 상업분야가 17세기에 용어와 제도라는 두 측면에서 국가의 업무로 자리를 잡았다. 이미 1602년에 중상주의자 바르텔레미 드 라프마스Barthélmy de Laffemas가 상업총감Controlleur Général du Commerce과 상무위원회Conseil de Commerce 위원장이 되었다.[318]

문헌에서도 실제 정책에서도 상업의 입장과 용어를 긍정적으로 바라보는 이러한 과정이 독일 지역에도 '30년 전쟁' 이후에 생겨났다. 우선 상인에 관한 문헌이 새롭게 증가했다. 당시 유행하던 제목에 따르면 '양심적이고 칭찬을 받을 만한 상인층'에 존경의 수식어가 기꺼이 붙게 되었는데, 결국 18세기에는 '많이 배운' 상인이라든지 혹은 '역사적으로 중요한' 혹은 '철학적인' 상인, '완벽한 상인과 무역상, 귀중한 상인', 급기야는 '이익을 현명하게 다룰 줄 아는 새로운 무역상'이라는 단어로 독자를 매료시켰다.[319] 그렇지만 일 자체는, '거래Handel' 혹은 '교역Handlung'라는 단어와 다시 강하게 연관될 때까지, 외래어인 'Commercien' 혹은 'Commerzienwesen'라는 단어[320]로 표시되었고 더 폭넓게 이해된 중

상주의 업무 영역에까지 확대되었다.[321]

이러한 전문적인 상업 기술에 관해 중상주의적이고 관방주의적인 독일 문헌은 분명한 관심을 드러냈다. 아마 가장 유명한 저작인 1668년에 나온 요한 요하임 베허Johann Joachim Becher의 《도시, 주, 그리고 시민공동체의 상승과 하강의 본래 원인들에 대한 정치론Politische Discours von den eigentlichen Ursachen deß Auff- und Abnehmens der Städte, Länder und Republicken》도 '상업에 대한 고찰 Commercien-Tractat'이라는 독특한 부제를 달고 있었다.[322] 이 저자는 "상업과 흥정, 상거래가 어떻게 한 나라의 국민을 부자로 그리고 풍요롭게 만드는지"[323] 입증하고자 한다고 했다. 여기서 핵심적인 역할은 상인에게 부여되는데,[324] 그 이유는 모든 신분이 거래를 통해 서로 연계되어 상호의존하면서 살아가기 때문이다. 이미 일자리를 주는 도매상이라는 돋보이는 이미지를 얻은 착한 상인은, 바로크식 문헌에 속하는 '상거래Handle und Wandel'에 대한 시詩나 상업의 신이라는 은유법에서 그렇듯이, 긍정적인 인물로 형상화되었다.[325]

그렇지만 17세기 이후 '상업'이라는 개념은 이와 관련된 독일국가의 행위를 지칭하는 당시의 지배적인 표현법으로 발전했다. 이것은 '30년 전쟁'이 종결된 후 제국의 정책에서 곧바로 뚜렷하게 드러났다. 뮌스터Münster와 오스나브뤼크Osnabrück에 있었던 협상*

---

* [옮긴이] 이른바 '30년 전쟁'을 종결한 베스트팔렌조약을 말한다.

에서도 핵심사항은 "이 전쟁에서 취약할 대로 취약해진 상업 commercien"을 회복시키는 것이었고,[326] 조약의 내용에도 "우선 평화와 무역이 다시 번성해야 한다ut facta pace commercia vicissim reflorescant"라고 되어 있었다.[327] 1667년 제국의회에서 자유로운 상업commerciorum libertas이라는 포고문이 독일어로 발표되었다. "제국의 공익적인 상거래"가 여전히 관세에 의해 방해받고 이렇게 "제국으로부터 커다란 손해를 감수하는 수출입 상인들도 교통로 때문에" 그만둘 지경이니, 이러한 상업의 억제 요소와 여행과 상거래의 장애물이 철폐되어야 한다는 것이었다.[328] 제국의 궁정에서 이들을 지칭할 때에는 일반적으로, 예컨대 '상업하는 사람'로 알려졌거나 혹은 단순하게 '상업자'라 불렸는데, 이제는 요컨대 분명하게 '공익적인 존재'로서 긍정적으로 평가되었다. 이러한 배려가 이어져 곧 1676년부터 프랑스 왕 루이 14세에 대항하는 경제정치적인 투쟁 조치가 취해졌는데, 학문적으로 보자면 이 조치는 제국중상주의로 파악된다. 이것도 '우리 국가의 정신'인 '상인'을 보호하는 데 기여했다.

'상업행위Commerzienwesen' 전반을 높이 평가하고 폭넓게 이해했다는 점은 의심할 바가 없다. 1700년 무렵 제국의 법령에서는 '경제'와 '살림살이'와 같은 개념을 찾을 수 없는데, 이와 연관된 사항은 '상업'이라는 제목 하에 다루어졌다. 1705년에 황제가 공포한 광범위한 '상업령Commerzienordnung'에도 중상주의적인 개별 조항이 포함되어 있는데, 그것이 당시 '독일 경제의 모습'[329]을 표현한다고 해도 학문적으로 과히 틀린 말이 아니다.

상업이라는 개념이 사회적 이익이라는 측면에서 사용되면서 신분질서의 의미를 뛰어넘었다. 상인의 지식에 관한 문헌도 이러한 발전 경로를 함께 밟았다. 가장 잘 알려진 프랑스의 경제사전은 상인이라는 직업이 많은 직업 가운데 하나일 뿐이라고 하면서도 국가적인 관점을 이렇게 덧붙였다. "그렇지만 상업의 관점에서 그것은 전 세계에서 똑같이 나타나는 보편적인 수단이다Mais à l'égard du commerce, c'est un moyen universal qui s'offre également à tout le monde."[330] 독일어 문헌에서도 상업은 대부분 사회 전체의 관점에서 중요했다. '거래' 및 '교역'은 한편으로 상인의 구체적인 일이나 혹은 특정한 생업을 의미할 수 있지만, 다른 한편으로 추상적으로 교환과 영업 전체를 뜻하기도 했다.[331] 이렇게 일반화하는 경향은 상업에 관한 문헌에서도 드러났다. 순수한 대금업,[332] 매뉴팩처와 공장의 상품 생산,[333] 심지어 많은 경우에 농업조차도[334] '상업' 혹은 '거래'이라는 용어에 포함되었다. 상업에 관한 용어가 점점 더 광범위하게 사용되었고 경제 영역 전체를 뜻하는 상위 개념으로 발전하기 직전이었다.

이와 함께 대학에서도 이와 관련된 학문의 요구가 점점 증대되었다. 마르페르거Marperger는 대학에 '상업을 가르칠 교수직' 신설을 요구했고,[335] 이미 상학Handelswissenschaft이라는 개념을 사용했다.[336] 18세기에 독일어로 《거래사전Handlungs-Lexika》[337] 초판이 출간되었는데, 이후 증보될 때 제목은 《체계적인 상업학 입문

systematische Einleitung in die Kommerzien−Wissenschaft》이었고 인기가
높았다.[338] 이러한 문헌의 제목에서 '거래학Handlungs−wissenschaft'
은 빠질 수 없는 개념이었다.[339] 상거래에 관한 고전적인 저작에는
—돌이켜 보면—오히려 국민경제학적인 성격의 독특한 서술이
존재했다.[340] 그렇지만 '국민경제Volkswirtschaft'라는 개념이 19세
기에 정착되었을 때에는, 이 분야가 급속도록 축소되고 사라져,
상업에 관한 명칭은 학술적 토대를 상실했다.

요컨대 '상업Kommerzien'과 '거래Handel'라는 제목 하에서 다루
는 영역이 독자적이고 전반적으로 긍정적으로 평가받는 분야로
발전했다. 이미 이것은 대부분 근대적인 경제활동의 분야와 일치
하며, 근대경제학의 '시장', '가격' 그리고 '통화'와 같은 상업적
범주도 등장했다. 18세기까지는 '상업'이라는 단어가 가장귀감서
와 농업을 특징으로 삼았던 '살림살이'라는 단어와 나란히 사용되
었지만, 이제 전자가 상위 개념으로 자리를 잡아가는 유리한 계기
가 마련되었다. 그런데 이후 실제 개념사적인 발전 과정은 이와는
달리 진행되었고, '상업'이 유럽의 언어에서 결코 경제의 중심 개
념으로 관철되지 못했던 것은 예기치 못했던 일로서 기본적인 설
명이 필요한 것으로 보인다. 막 등장하던 근대세계에서 그 개념이
정착하지 못하게 했던 무엇인가가 전해 내려오던 '상업적' 사고방
식에 내재해 있었다. 그것이 무엇이었는지는 시장에 관련된 이론
형성의 출발점을 살펴보면 알 수 있을 것이다.

3. 중상주의 이론의 형성

상업의 영역이 그 대상 범위를 확정함에 따라 점차 이론에 대한
요구도 커졌다. 물론 화폐학에서 인구학에 이르기까지 여러 영역
이 상호 의존하는 것과 같은 거대한 연관성을 보여주는 총체적인
체계를 기대했던 것은 아니었을 것이다. 그렇지만 시장의 개별적
인 문제를 다루는 소책자에서 고대의 살림학보다는 근대의 경제
학에 점차 가까워지는 괄목할 만한 추상화 수준에 도달했다.

  그렇지만 사실 여기에서 나타난 이론적 방식은 근대세계에서
문제를 제기하는 차원과 특징적으로 구별된다.[341] 산업화 이전에
유럽의 상업세계를 특징짓는 생각은 모든 재화가 단지 제한된 양
만 존재한다는 것이다. 이것을 사람들이 문제로 받아들였고 그래
서 항상 주어진 전체 상황을 좌우하는 기본요소로 간주했으며, 재
분배란 보상이 따를 때에만 가능한 것으로 여겼다. 이러한 이론적
틀은 아마도 거래량이 일정하다고 여겼던 당시의 실제 관계와 대
체로 부합하는 것이었다. 그 반면 자본주의적 생산방식을 다루는
사상적 단초는 여전히 소홀히 여겨질 수 있었다.

  하지만 그렇게 문제를 중상주의적으로 다루는 차원에서 생각하
지 못한 한 가지는 생산에 의한 전반적인 부의 증가였다.[342] 중상
주의자들은 세계의 부를 만들지 않고 그대로 가져오려고 했고, 운
송과 분배의 진행만 주시했지, 생산과 성장의 과정은 염두에 두지
않았다. 생산에 대한 사고는 본디 이론적인 이 구성체에서 항상

비슷하게 초기 단계에 머물렀다. 그렇지 않았다면 상업을 정역학 운동 체제*로 이해하는 논리가 단숨에 날아가 버릴 수 있었다. 그렇지만 '생산'이라는 개념이 출발점이 되어 '노동', '자본 축적,' '성장'과 같은 범주가 모습을 드러내 경제가 점차 확장해가는 시대가 되자, 인류의 부를 증가시킬 수 있다는 근대적 생각이 구래의 상업 제도를 중시하는 이 사상적 경향과 아예 처음부터 개념적으로 대립하게 되었다. 이 개념사의 진행이 확인해주는 것처럼, 결국에는 '상업'이라는 표현이 거부당하는 것으로 결판이 났다.

---

* [옮긴이] 여러 힘들이 작용하지만 궁극적으로 평행의 정지 상태를 이루려는 동작을 말한다.

'살림살이' 개념의 매개(18세기)

CHAPTER VI

Die Vermittlung des Begriffs 'Ökonomie' (18. Jh.)

VI. '살림살이' 개념의 매개(18세기)

1. 유럽적 맥락에서 '살림살이'와 '상업' 개념
　　사이의 상호접촉과 전이

●●● 　　　　두 전통, 곧 한편에는 가정학이 그리고 다른 한편에는 시장과 연관된 상업적 사고가 나란히 존재하던 것이 18세기가 지나면서 비로소 사라지게 되었다. 그럼에도 불구하고 예전에도 '살림살이'와 '상업' 두 개념 사이에 서로 연계되는 지점이 간간이 존재했다.

16세기 프랑스는 여러 내전을 거쳐 통합되는 과정을 겪었는데 그 과정에서 제후의 가정학이 형성되었다. 이때 가정학은 국가와 세금을 포함하여 상업에까지 범주를 넓힐 수 있었다. 보댕Bodin은 아리스토텔레스의 저작을 뛰어넘어 분명 국가를 제가술齊家術에 따라 구성했고,[343] 술리Sully*는 이미 자신의 회고록 제목에 살림살이와 정치에 관한 정교한 용어들을 서로 교차시켰다.[344] 이 '왕실의 살림살이'는 앙리 4세의 모든 활동을 포함하지만 술리가 특히 재무행정과 농업개혁을 손질했던 상황 덕분에 전반적으로 농업이 강조되었다. 이외에도 책 이름에 처음으로 '정치적 살림살이'이라는 말을 사용했던[345] 몽크레티앙Montchrétien**이 있었고, 그 책에서는 무엇보다도 거래와 영업의 분야가 서술되었다. 물론 1615년에 나온 유명한 《정치적 살림살이에 대한 논고Traicté de l'économie politique》[346]라는 제목의 책은, 당시의 맥락에서 보자면, 그저 술리의 왕실관리법을 변형한 서술에 지나지 않는다. 왕이 이번에는 농업 대신에 매뉴팩처, 해운업, 상업의 육성을 권유했다는 점에서 말이다. 상업이 이렇게 거의 우연하게 자리를 차지하게 되었다고 해도 '살림살이'와 '상업'이 결코 확실하게 연관된 것은 아니었다. 특히 '정치적 살림살이'이라는 개념은 약 150년 동안 유럽 전역에서 몽크레티앙의 거래기법을 보충하는 데 다시는 사용되지 않은 듯하다.[347]

그렇지만 18세기로 넘어가면서 전반적으로 살림살이와 상업의 영역 사이에 상호 차별성, 관통성, 그리고 배척성이 나타났는데, 이는 언어의 혁신이 항상 실제 업무의 혁신과 동시적으로 반응하

---

* [옮긴이] 막시밀리앵 드 베튐Maximilien de Béthune(술리 공작duc de Sully, 1560~1641)은 앙리 4세 치하의 핵심관료(총리)로서 국가의 중앙행정체제를 구축했다.
** [옮긴이] 앙트완 드 몽크레티앙Antoine de Montchrétien(1575~1621)는 프랑스의 중상주의자이다.

여 일어나지 않았던 것과 관계가 깊다.

18세기 초반 프랑스에서는 언어상으로 중상주의적인 관행이 통용되었다. 곧 유명한 저작의 제목에 '상업'이라는 단어가 사용되었다. 이후 루소가 《백과사전*Encylopédia*》의 항목인 '[도덕적이고 정치적인] 살림살이Économie ou Oeconomie(morale et politique)라는 항목을 기재하면서, 비로소 총체적 혹은 정치적 살림살이économie générale ou politique 혹은 공공 살림살이économie publique와 같은 명칭을 핵심적인 자리에 다시 사용했다.[348] 루소는 통치문제의 관점에서 '살림살이'의 중요성을 강하게 인식했기 때문에, 항목 서술의 3분의 2가 순전히 국가학과 통치학으로 채워졌고 이는 중농주의가 아니라 '사회계약'으로 가는 이전 단계였다.

마찬가지로 상업에 관련된 명칭의 전통이 지배적이었던 영국에서, 중상주의적 기본 전제를 실질적으로 비판하는 데 성공했던 흄Hume조차도, 비판할 때 아직 제대로 생성되지 않았던 단어를 사용했다. 다시 말해 그 유명한 《에세이*Essay*》의 부제는 "상업, 화폐, 이자, 거래의 균형 등에 대한 논고discourses on commerce, money, interest, balance of trade, etc"였고 텍스트에서도 거의 오로지 이에 대응하는 개념들, 특히 '상업'이라는 단어를 선택했다.[349] 그에 비해 1767년 마지막 중상주의적 저작으로 평가받았던 책에 이르러서야 드디어 영국에서는 처음으로 제목에 '정치적 살림살이'라는 단어가 쓰였다. 제임스 스튜어트James Stuart의 저작 《정치적 살림살이 원칙에 대한 논고*An Inquiry into the Principles of Political*

Oeconomy》가 바로 그것이다.[350] 여기에서 '정치적 살림살이'란 '농업'에서부터 '상업'에 이르기까지 모든 것을 포함하는 통합 개념으로 쓰였다. 영국에서 실제로 혁신적인 결정판은 아담 스미스의 《국부론*Inquiry into the Nature and Causes of the Wealth of Nations*》이었다. 이는 앞선 것과는 반대로 1776년 책제목이 오히려 원래 중상주의적인 특성을 물씬 풍기는 부富의 개념과 연관시킴으로써 예전의 방식으로 되돌아갔다. 그렇지만 텍스트에서는 '정치적 살림살이' 혹은 '살림살이'라는 개념들이 핵심어로 등장한다.[351]

개혁주의riformismo 시기[*] 이탈리아 여러 국가에서도 '살림살이에 관한 인식의 탄생'[352]이 일어났는데, 이것이 현실에서는 중상주의와 막 등장하는 중농주의 사이에, 용어상으로는 상업적 명칭과 살림살이 명칭 사이에 있었다. 제노베시Genovesi는 1763년에 독특하게도 뚜렷한 이중형태의 제목 《상업 혹은 시민 살림살이에 관한 가르침에 대해*Delle lezioni di commercio o sia d'economia civile*》를 사용했다. 피에트로 베리Pietro Verris는 논문의 제목으로 다음과 같은 것을 연거푸 사용했다. 곧 〈밀라노 국가의 상업Commercio dello Stato di Milano〉(1763), 〈밀라노 국가의 공공 살림살이Economia pubblica dello Stato di Milano〉(1763), 〈정치적 살림살이Economia politica〉(1771)가 바로 그것이었다.[353] 이탈리아 계몽주의의 국가주의적 맹아는 1765년 이래 '살림살이 최고위원회Supremo Consiglio

---

[*] [옮긴이] 18세기에 일어난 이탈리아 계몽주의를 지칭한다.

d'Economia'와 '살림살이 위원회Giunta Economale'와 같은 기관에 의해 제도적으로도 뒷받침되었는데, 이로 인해 살림살이에 관한 명칭이 빨리 정착되었다.

독일 이외 지역의 사례에서 나타난 '상업'과 '살림살이'라는 용어의 전이는 유럽 내의 활기찬 교류 속에서 일어났다. 거기에서 독일도 단순히 수용자 입장에 머물지 않았다. 이에 두 가지 변화가 눈에 띄는데, 하나는 국가라는 테두리 하에서 살림살이와 상업이 결합한 점이고 다른 하나는 상업적 사고방식이 새로운 살림살이의 내용으로 들어왔다는 점이다. 전자의 경우는 18세기 전반기에 독일 관방주의에서 이미 그 원형이 형성되었고, 후자의 경우는 18세기 후반기에 비로소 등장하기 시작했다. 이 독일의 발전을 이해하기 위해서는 프랑스 중농주의에서 출발해야 한다.

2. 국가를 통한 통합적 매개: 18세기 관방주의

살림살이와 상업에 관한 용어가 서로 결합한 것은 국가 행정이라는 매개체로 통해서였다. 물론 18세기에 관방주의적 국가학의 기본 개념('정치,' '경찰', '살림살이', '가계', '경제', '무역', '상업', '관방주의 체제')은 고전적 전통과 새로운 행정적 필요성 사이에 끼어있었는데, 그 결과 양쪽 다 확고한 형태를 잃어버렸기 때문에, 나중에는 개념 모두가 서로 엇비슷하게 되거나 결합하거나 혹은 상위 또는 하위 개념으로 통합될 수 있었다.

　이러한 만화경과 같은 다양한 용어 사이에서, 애초부터 시장이 '정책politik'으로, 농업과 재정이 '살림살이'로 쏠리는 경향이 나타났다. 그 결과 19세기를 지나면서 무엇보다도 '살림살이'가 총괄적인 경제 개념이 되고, '경찰Polizei'이 국가의 내무 혹은 안전을 담당하는 부서의 개념이 되었다. 곧이어 '살림살이'가 '경찰'을 포함하거나, 또한 거꾸로 '경찰'이 '살림살이'를 포함하거나, 혹은 합성어 '정치적 살림살이'나 '살림살이적 경찰'이 나타나는 다양한 빛깔의 구불구불한 경로가 형성되지만, 손에 잡히는 발전의 공통분모가 아예 없었던 것은 아니었다.[354] 하지만 이러한 용어들은 국가라는 포괄적인 단어의 도입으로 유동성을 갖자, 살림살이에 치우친 언어와 시장에 치우친 사고방식 사이를 다양한 방식으로 구분하던 벽이 무너졌다.

　18세기 관방주의는 점차 증가하는 국가의 필요성과 이해관계에 대응하여 포괄적인 정부론이나 헌법학을 요구하면서도, 이보다 앞선 17세기의 독일 관방주의자보다는 전반적으로 근대적인 의미의 경제를 더 힘주어 강조했다. 이들보다 더 오래된 오스트리아 학파에서 필립 빌헬름 폰 호르닉크Philipp Wilhelm von Hornigk는 1684년 국가를 위한 상업의 이용을 '경제Wirtschaft'와 '살림살이Ökonomie'라는 용어와 결부시켰다. 여러 판을 거듭하여 출간되었던 그의 저작은 이미 '잘 정리된 나라살림살이wohlbestellte Lands—Oeconomie'에 대한 요구를 부제로 달아놓았다.[355] 그 책에 나오는 "관방살림살이Cameral-Oeconomie"라는 개념은 단순히 재정적인 의미에서 탈피하여 이제는 유익한 '거래 전반Handelschaft'을 포함하게 되었다.[356] 금과 은을 어떻게 다루어야 하는지에 대한 일련의 중상주의적 원칙이 바로 '나라살림살이의 주요 규칙Lands-Oeconomische Haupt-Reguln'으로 제시되었는데, 이는 한 나라의 '공공경제gemeinen Würthschafft'를 통해 무엇을 유지해야 하는지를 사람들이 판단할 수 있는 준거가 되었다.[357]

이러한 국가를 통한 매개가 더 폭넓은 토대에서 이루어진 계기는 프로이센 왕이었던 프리드리히 빌헬름 1세가 교수직, 곧 관료가 될 사람에게 현장 중심의 교육을 제공할 살림살이-관방주의의 교수직을 신설하면서 마련되었다. 이 '살림살이, 정책 그리고 관방의 업무'를 위한 교수직으로 인해, 널리 알려진 '가정'과 '국가' 사이의 유사성이 '국가 행정'과 '국가 재무'의 맥락 속에 포섭되었고, 이들 용어의 채택으로 중상주의적 영역에도 문호가 개방되었다. 이는 그 교수직이 신설되는 과정에서 이미 나타났다. 율리우스 베른하르트 폰 로어Julius Bernhard von Rohr가 그 일이 있기 직전에 출간한 《가계에 관한 문헌Haußhaltungs-Bibliotheck》이라는 책은 전문적인 용어 해설을 곁들인 문헌 목록이었는데 '관방 제도'라는 장章이 벌써 거기에 들어 있었다. 여기에 선정된 책의 기준은 '나라의 복지를 증진하는' 데 크게 이바지했던 '살림살이 규칙'인가 아닌가 하는 점이었다.[358] 이러한 '가계-기법Haußhaltungs-Kunst'이나 '경제-기법Wirtschafts-Kunst'은 직접적으로 혹은 간접적으로 국가와 연결되고,[359] 한마디로 '재산과 재화'의 벌이로 이해되었다.[360] 이 관방주의적 살림살이에서는 전반적으로 아리스토텔레스의 도덕학과 집안사람 전체를 의미하던 인적 구성이 제외되었다. 만약 이제 시장과 상업을 경제 개념의 범위를 측정하는 기준으로 삼는다면, 이 저작 자체는 과도기적인 문헌 가운데 하나인 셈이다. 이 책은 제11장에서 '상업제도'를 다루면서 그것들을 고대 살림살이에 맞추어 분류했지만, 첫머리에서 그러한 구성이 맞지 않다고 생각하는 사람은 그 대안으로 그것을 부록으로 여겨도 된다고 밝혔다. 그렇지만 이 저자 스스로는 상업과 생업이 살림살이에 속한다고 생각할 뿐만 아니라, 더 나아가 나라의 재정을 살림살이와 연관을 짓기 시작했다. "왜냐하면 살림살이란 단순히 경작, 가축 사육, 어업 등 사람이 시골에서 우선적으로 경험할 수 있는 것을 의미할 뿐만 아니라 재화의 벌이와 보존을 속하는 모든 행위를 의미하기 때문이다. 그래서 몇몇 살림살이 원칙은 시골의 농촌마을에서보다 도시에서 더 잘 파악될 수 있다."[361]

살림살이를 대학 교과목으로 지지하는 다른 발언도 같은 해인 1716년에 역시 고대살림학과 연관되어 나왔는데, 그 개념의 확장은 이렇게 설명되었다. "만약 살림살이를 하나의 학문 분과로 바라보고자 한다면, 가장, 부인과 자식, 남녀 하인, 가축 등등이 관련을 맺고 있는 개개인이나 사적인 가계에 머물러서는 안 된다. 왜냐하면 그것은 아주 작은 형태일 뿐이어서 살림살이에 속한 모든 것을 속속들이 파악한 것이라 할 수 없기 때문이다. 또한 마찬가지로 살림살이의 초보적 원리, 곧 크기와 범위에 따라 살림살이를 어떻게 바라보아야 하는지에 대한 원리는 개개인의 가계에만 제한된 것이 아니라, 도시와 지방 전체를 넘어, 또한 왕국 전체를 넘어 넓은 전 세계에까지 걸쳐 있다."[362] 무엇보다도 이러한 국가 전체를 배경으로 하여 "경작 …… 수공업" 그리고 '상인층'이 살림살이라는 총체적인 제목 속에 나란히 포함되었다는 것이 미래 지향적이었다.[363]

할레Halle 대학 총장대리였던 루데비히Ludewig가 이 새로운 대학 교과목을 제안하면서 들고 나왔던 과목명도 바로 이러한 방향을 확인해준다. 그는 전통적인 살림살이에 대한 이해가 너무 협소하기 때문에 새로운 문물에 대한 좀 더 '폭넓은 명칭'을 찾았지만 그것 모두를 "한마디로 말하고 표현할 만한 포괄적인 단어가 없다"는 결론에 도달했다.[364] 요컨대 그는 통합된 개념을 찾고 있었는데 그것도 아주 특별한 관계에서 그렇게 했다. "나는 스스로 이 문제에 대해 심사숙고했고 경제Wirthschafft와 정치Policey 두 가지를 하나로 통합된 개념의 명칭이 우리 언어에서 발견할 수 있지 않을까 하고 생각했다."[365] 말하자면 문제는 그렇게 하지 않으면 오히려 상거래의 영역이 경찰 업무에 속하게 되어 통합된 것으로 보이지 않는다는 점이었다.[366] 그래서 루데비히는 '경제 …… 가계' 그리고 '살림살이'에 대한 '인식'을 그에 상응하게끔 더 '확장'할 것을 주문했다. 이러한 의미에서 경제라는 개념은 언어상으로 감정이 이입되는 발전 경로를 밟게 되었다. 곧 "이 나라에서는 모든 밥벌이와 돈벌이의 기술을 대개 좋은 경제Wirthschafften라고 부른다. 우리는 자기 나라의 수입을 상거래를 통해서 증가시키고 지출보다 더 많이 거두는 제후를 훌륭한 보호자Wirth*라고 부르고, 그 반대의 경우에는 그의 궁전에 훌륭한 경제Wirthschafft가 없다고 말하는 것이다. …… 이로부터 많은 결론이 나온다. 밥벌이 기술은 아마도 천한 사람에게도 시민과 농민에게도 마찬가지이며, 또한 제후들이나 국가 전체에게도 속하는 문제이다. 따라서 경제라는 단어는 이들 모두에게서 수용되고 사용될 것이다."[367] 이렇듯 경제라는 개념이, 여기에서 서술되는 특별한 몇몇 사례와 같이, 18세기 중반까지 전파되었음이 분명하다.

유스티Justi는 1755년 《국가경제Staatswirtschaft》라는 책 제목을 사용하면서 그 용어에 새로운 중상주의적 관점을 제시했다.[368] 그는 이렇게 확장된 경제라는 개념이 가정학에서 나왔다는 점을 분명히 알고 있었지만, 국가 차원으로의 확장을 더 이상 군주의 가계와 나라의 복지라는 구체적인 관계의 차원에서 바라본 것이 아니라, 오히려 반대로 추상적으로 '국가의 거대한 경제'라고 명명했다.[369] 국가학은 상업의 영역을 살림살이의 영역과 완벽하게 결합시키지만, 이 '살림살이'에서 핵심은 "국가를 전체적으로 광범위하게 보호Wirtschaft**하는 데 필요한 모든 규칙들을 장악"한다는 점이다.[370] 거기에서 국가경제라는 개념은 통합적인 힘을 갖고 있

---

* [옮긴이] 원래 이 단어가 보호자라는 뜻에서 나왔음을 상기하라.
** [옮긴이] 원래 이 단어가 보호하는 일에서 나왔음을 상기하라.

기 때문에, 그에 그치지 않고—모든 영역을 살림살이에 동원하는 것이니만큼—아예 국가의 안전정책과 신민의 국가에 대한 의무, 곧 국가를 위해 "그들의 부를 보호하는wirtschaften 것"도 이와 연관된다.[371] 게다가 신민들의 경제[보호]를 뛰어넘어 국가의 거대한 예산을 보호하는wirtschaftende 관념이 생기면서, 경제라는 보편적인 개념으로 이끌어갈 추상적인 측면이 분명히 가미되었고 경제 제도에 대한 사고도 형성되었다.

이렇듯 살림살이와 상업이 국가에 관한 하나의 학문으로 통합되는 과정에서 경제라는 근대적 개념이 나왔다고 한다면, 그 과정은 결코 일방통행이 아니었으며 분명 반대방향의 경향도 존재했다. 유스티의 후계자인 빈Wien의 존넨펠스Sonnenfels는 기본적으로 체계상 더 분명하고 더 근대적으로 안보 업무인 경찰과 세금 업무인 국가 재무를 시장 관점의 경제 정책으로부터 완전히 분리했다. 그렇지만 그는 분리된 이 경제 정책을, 농업개혁이 여기에 포함되어 있었음에도 불구하고, 이제 오히려 상학Handlungswissenschaft이라고 불렀다.[372] 중상주의자들이 필수적이고 통합적인 사전작업을 수행했고 또한 국가로 이어지는 가교가 형성되었음에도 불구하고, 근대의 경제 개념이 실제 통용되고 당연하게 되기 위해서는 아주 다른 자극이 필요했다.

3. 생산을 통한 혁명적인 매개(농학, 중농주의, 고전경제학)

농업, 상업, 영업을 포함하는 포괄적인 경제 개념으로 발전하던 과정이 18세기 후반에 다시 역전되는 현상이 등장했다. 곧 이들 영역이 다시 벌어지고 살림살이에 관한 용어가 더욱더 농업과 밀접한 관련을 맺었다. 그 배경으로는 새로운 농업의 부흥으로 인해 농학이 전 유럽에 퍼졌던 점을 들 수 있다. 그렇지만 이로 인해 가장의 농사 관리와 그것의 살림살이 개념으로 회귀하지는 않았다. 왜냐하면 이제 농촌에 대한 기술투여가 폭넓고 밀도 있게 이루어지면서, 농업의 활기가 더 이상 곡식을 성실하게 재배하는 차원이 아니라, 토지의 비옥도를 증가시키거나 농사운영을 전반적으로 효율적으로 개선하고 심지어 새로운 방식의 비용 및 수익성 계산법의 도입하는 차원에서 이루어졌기 때문이었다. 19세기 초에 알브레히트 타에르Albrecht Thaer는 이러한 전개의 결과를 자신의 주요 저작에서 도발적인 근대적 개념으로 이렇게 평가했다. "농업도 하나의 영업으로서 …… 채소와 가축을 생산하여 이윤을 얻거나 돈을 버는 목적을 갖고 있다."[373] 여기에서 최종 목표는 시장생산 자체의 증가가 아니라 경영학적인 채산성의 의미에서 "비용을 뺀 최대의 이윤"이었다.[374] 그렇지만 이것이 도시시장에 대한 사고방식 혹은 산업자본주의적인 계산법이 곡창지대를 정복할 만한 그런 정도는 아니었으며, '살림살이'라는 개념이 다시금 농촌으로 되돌아가는 정도였다.

이러한 전개 과정에서 결정적인 전환을 준비한 것은 프랑스 중농주의 학파였다. 이들의 생각에 따르면, 오직 토지 혹은 토지에 투여된 노동만이 투입된 것보다 더 많은 것을 가져다줄 수 있기 때문에 사회에 순생산물produit net 혹은 초과소득을 남긴다. 이러한 의미에서 중농주의자들은 농업만을 생산적인 것으로 보았다. 그렇지만 여기에 역사적으로 의미가 있는 점은 그들이 생산성을 농업 분야에 한정했다는 점이 아니라, 바로 '생산'이라는 범주를 일단 농업에서 이론적으로 발견했다는 점이다. 거기에서는 토지 비옥도라는 현상이 이러한 사고 발전에 도움을 주었다. 땅에 뿌린 씨앗보다 더 많은 식물이 자란다는 경험은 이전에도 문헌으로 알고 있었던 일이었지만, 그것이 하느님의 은총 때문인 것으로 알려졌거나 혹은 그렇지 않다 해도 이론적인 구성으로 이어지지는 않았다. 그런데 이제 그것이 물질세계를 전체적으로 새롭게 이해하고 묘사하는, 명백하고 선전하기에도 용이한 출발점이 되었다.[375]

이로써 생산을 중심으로 한 사회의 모습이 제시되었고, 이는 근대 세계 전체에, 그렇지만 특히 다가오는 경제 현상의 인식에 근본적인 중요성을 제공했다. 우선 이러한 사회의 모습을 그려내는 데에는 18세기 중엽 중농학자들이 일으킨 논쟁이 크게 이바지했다. 이 논쟁은 누가 생산적이고 누가 그렇지 않은가 하는 물음으로, 19세기 중엽까지 지속되었다.[376] 프랑수아 케네François Quesnay는 1758년 생산계급classe productive을 중심에 두고 지주계급classe propriétaire과 비생산계급classe stérile을 그 옆에 대비되도록 나란히 놓은 '경제표Tableau économique'를 만들어내면서,[377] 인간의 사회적 신분이 더 이상 전래된 신분질서에서 바로 생겨나는 것이 아니라 점점 더 생산 과정에서 맡은 역할에서 비롯된다는 근거가 생겼다. 어떤 식으로든 '생산하는 자'에 속하는 것이 명예로운 일이라는 것이 새로운 사회상의 핵심적인 내용이었기 때문에, 생산성을 농업에 한정시킨 이들 중농주의자의 주장은 점점 더 일종의 도발로 간주되었다. 이에 아담 스미스와 고전경제학파가 이로부터 생산성을 인간의 노동력 전반으로 확장시켜 일단 산업적인 생산, 심지어 상업까지도 염두에 두면서, 결정적인 발걸음을 떼게 되었다.[378] 그래서 이제 분업이 생산증가의 원칙으로 간주되었고, 이는 국제적으로 상업을 통해서만 가능한 것처럼 보였다. 생산에 관련된 살림살이와 상업 영역을 결합하는 새로운 해석이 등장한 것이다. 그렇지만 이 모든 것이 새로운 경제 개념을 등장시켰는데, 이제 이 개념에 대한 생산의 연관성이 확대됨에 따라 보편적 기제와 근대적 성장이라는 사고방식을 낳았다.

보편적 기제가 형성하는 데 중요했던 것은 해마다의 순환 개념이었다. 곧 생산을 출발점으로 하여 사회의 물질적 활동을 매년 기능적으로 파악할 수 있었는데, 다양한 분야의 연관성은, 국가가 공통된 경제 정책을 실시해야만 비로소 알 수 있는 것이 아니라 국가가 생성되기 이전의 자연적 질서[379] 아래에서도 이미 생산을 출발점으로 놓기만 하면, 충분히 보편적인 현상임이 입증되었다.[380] 이론적인 분석에서 생산을 단초로 삼으면 새로운 연관성을 파악할 수 있는데, 그 단초를 통해 또한 소비와 분배와 같은 기능적인 연관성과 시장과 관련된 용어 전체 그리고 상품과 화폐 사이의 관계와 같은 것도 심층적이며 체계적으로 분석이 가능했다. 세이Say가 세운 19세기 교과서적 전통에 따르면, '정치적 살림살이'는 생산 요소로 토지, 노동 그리고 자본을 한꺼번에 고려하는 생산 법칙으로 시작되곤 하는데, 이로써 근대 경제적인 기제의 형성에서 생산의 결정적인 위치가 확립되고 그에 따라 보편적인 경제 개념도 정립되었다.[381]

마찬가지로 생산이 단초가 됨으로써 근대 경제에 대한 생각에서 아주 독특하고 보편적인 개념, 곧 확대와 성장의 관념이 형성되었다. 무역의 차액을 통해 국가의 부를 증가시킨다는 중상주의적인 사고방식이 18세기에는 점점 더 비판에 직면했고 데이비드 흄David Hume이 다른 쪽의 희생에 기반한 그러한 총체적인 배분 개념을 무의미한 것으로 거부하고, 자유무역에 가담한 모든 국가의 부가 보편적으로 증가한다는 생각을 정식화했다.[382] 특히 스미스가 자기 저작의 핵심 문구를 "노동생산성의 가장 큰 개선"이라고 언급한 이래,[383] 생산으로의 선회는 역사과정의 차원으로 확대했다. 다시 말해서 사회는 시대마다 생산과 그것의 개선을 통해 얼마간 더 성장할 수 있기 때문에 절대적 경제 성장까지도 이론적으로 생각해 볼 수 있었다. 지나간 중상주의 세계에서는 부가 단지 균형상으로만, 곧 서로 주고받는 형태로만 물질적인 부를 이룰 수 있었는데, 그것을 대신하여 새로 등장한 근대 세계에서는 부를 생산하여 증가시키고자 했다.

그렇지만 이제 이러한 혁신적인 이론 및 대상의 영역이—그것의 확대 과정에서 상업적인 부문 전체까지도 포섭했는데—어떻게 기존의 경제wirtschaft라는 개념과 연관될 수 있었을까? 중농주의 학파의 수장인 케네의 유명한 '경제표'에는 이 개념을 설명한 텍스트가 없었고 이들 학파의 초기에는 그러한 개념의 사유나 정의 혹은 분명한 적용의 사례도 찾아보기 어렵다. 그럼에도 불구하고 이 새로운 경제라는 개념이 왜 상업적인 명칭으로부터 나오지 않았는지는 쉽게 이해할 수 있다. 그것을 어렵게 한 것은 중농주의가 혁신적인 초반기에 강력하게 농업 쪽으로 방향으로 선회했고 또한 이후 의식적으로 중상주의 기제에서 벗어나고자 전반적인 방향을 생산과 성장 쪽으로 잡았기 때문이다. 중농주의가 채택한 살림살이 개념은 비록 농업적 특성만을 강조한 것은 아니었지만, 아마도 중상주의 기제의 전통을 유지하면서도 농업 생산의 강조점이 방해받지 않을 정도로 충분히 다의적인 개념이 선택된 것이다.

이렇게 살림살이 개념이 한 학파에 의해 수용됨으로써[384] 이 용어가 아마도 근대적인 모습을 갖추는 데에 결정적 단계를 맞이했다. 이 새로운 사고방식은 '살림의 질서'ordre économique,' 살림의 과학science économique, 그리고 '살림의 철학philosophie économique' 이라는 말로 널리 퍼졌거나[385] '사회적 살림살이économie sociale'[386] 라는 용어에서처럼 아예 명사로도 쓰였고, 그런 다음에도 더 자주

'정치적 살림살이économie politique'라는 말로 표현되었다.[387] 이를 독일에서 수용한 사람과 그것을 널리 퍼뜨린 사람도 앞선 경우와 마찬가지로 '살림살이 기제ökonomistisches System'라고 부를 수 있었지만,[388] 독일 교양어의 쓰임새가 그렇듯이 '살림의ökonomisch'라는 단어를 사용하거나 혹은 그것에 대응하는 독일어 단어인 '경제적wirtschaftlich'이라는 단어를 썼다.[389] "그처럼 자연스러운 순생산에 대한 가르침은 케네 씨 이전에는 그 누구도 제대로 발전시키지 못했거나 사용하지 못했던 것인데, 내가 보기에 그것은 특히 경제적인wirtschaftlich 인식에서 언젠가 이루어졌어야 할 중요한 발견으로 보인다."[390] 살림살이와 경제의 두 개념이 똑같이 중농주의적이면서 근대적인 측면을 지닐 수 있게 있었다.

그렇지만 이 개념의 변화에 궁극적인 종지부를 찍은 사람은 아담 스미스였다. 그는 자신의 주저에서 이론적인 역사를 검토하면서 그 부분을 '정치적 살림살이political economy의 체제에 대해서'라고 제목을 달았고, 중상주의에서 중농주의를 거쳐 독특한 산업적 종합에 이르는 전 과정을 '살림살이적ökomomisch'이라고 규정했다.[391] 이후 영국과 프랑스의 고전학파가 곧바로 '정치적 살림살이'라는 명칭을 달게 되고, 독일에서 스미스 이론이 수용되면서 '상업'과 '농업'이 산업적 생산이라는 새로운 보편적 매개체에 포함되는 하나의 개념, 곧 살림살이와 경제라는 개념으로 이어졌다.

여기에서 개념의 역사와 실제의 역사는 어떠한 관계에 있을까? 농업적 전통을 지닌 한 단어를 유럽 전역에서 사용하기로 결정했다는 것은, 시기나 정황으로 볼 때, 농업혁명이 산업혁명에 앞서 진행될 수밖에 없었다는 사실을 언어상으로 드러내 준 셈이다.[392] 물론 구체적인 상황을 정리하기란 어렵다. 영국에서 농업적인 혁신이 시작되었지만 이곳 섬나라에서 특히 강력하게 상업으로 경도됨에 따라, 아마도 처음에는 생산에 대한 관념을 완전히 개념적으로 이해하기가 어려웠다.[393] 농업국가인 프랑스에서 중농주의가 성공을 거두는 듯했지만, 최근의 연구는 18세기 프랑스에서 농업 및 산업의 혁명이 있었다는 데 의문을 표시하고 있으며, 오히려 상업의 혁명적인 증가를 시사한다.[394] 사실이 이러함에도 불구하고 사상의 새로운 방향전환이 이루어졌다면, 이것은 실제의 지배적인 현상보다 관념이 이론의 형성에 더 큰 영향을 끼친 그러한 사례 가운데 하나일 것이다. 그것이 어떠했든, 이 농업적 모델은 드디어 산업자본주의적 생산이라는 현실로 전환되어야만 했다.

경제사상의 발전 (19세기와 20세기)

CHAPTER VII

Die Entfaltung des Wirtschaftsdenkens (19./20. Jh.)

VII. 경제사상의 발전(19세기와 20세기)

1. 전환기의 백과사전에 나타난 '경제'와 '살림살이'의 쓰임새

●●●　　　　'살림살이'와 '경제'가 사전에서 어떻게 사용되었는지는 우선 이들 개념에 대한 기본적인 대응관계를 살펴보면 드러난다. 발흐Walch는 1740년에 '살림살이'라는 항목을 설명하면서 '경제'라는 단어를 언급했고, 쩨들러Zedler는 반대로 1748년 '경제'에 대한 항목을 서술하면서 '살림살이'라는 단어를 말했다. 이후 사람들은 위의 방식 가운데 하나를 따르거나 혹은 두 핵심어를 함께 사용했다.

서로 대응하는 이 두 개념의 의미가 물론 완벽하게 일치하는 것은 아니었다. '살림살이'는, 비록 가끔 신학적인 전문 용어를 함축하기도 했지만,[395] 1800년경에는 전반적으로 방식과 본질을 모두 포함한 '전체의 살림살이Ökonomie des Ganzes'라는 정돈된 의미를 갖게 되었다. 하지만 이것도 간간히 다시 방식만 의미하는 것으로 되돌아갈 수 있었다.[396] 이에 반해 '경제'는, 숙박업Gastwirtschaft[397]과 궁정 연회[398]의 경우처럼 핵심에서 벗어난 경우를 제외하면, 대체로 언어 사용에서 부정적인 돈벌이의 의미로 퇴색될 수 있었다.[399] 형식적인 차이라면, '경제'가 그에 해당되는 행위나 상황을 지칭했다면, '살림살이'는 그에 대한 지식, 곧 '실용학문',[400] '경제 방법'[401] 혹은 '경제 지식'[402]을 의미했다. 이렇게 된 것은 이 외국어 단어가 고대의 살림살이에서 나왔고 학술적인 전통을 갖고 있었으며, 그리고 아마도 그것이 원래 규칙nomos[*]이라는 뜻과 관련을 맺고 있었기 때문이었다.[403] 다른 한편으로 19세기 단어 용례를 보면 "그가 경제 혹은 살림살이를 공부하고, 듣는다"라고 했던 것으로 보아, 두 단어가 별다른 차이 없이 쓰였다.[404] 대략 두 단어의 의미가 겹친 바로 그 지점에서 양 개념의 핵심을 찾아야 할 것이다.

18세기 중엽에 이것의 의미가 전반적으로 유동적이라는 점이 '특히 당시에' 분명하게 감지되었고, 백과사전에도 그 점이 반영되었다. 쩨들러 백과사전은 이 "단어가 아주 다양한 의미를 갖고 있고 그 사용법이 아주 자주 바뀌기 때문에" '경제'는 "아예 고정되지 않은 용어"라고 밝혔다.[405] 이러한 생각 때문에 이 사전은 해

---

[*] [옮긴이] 이 개념어 사전 제2장 1절에서는 이 단어가 이용이나 관리의 뜻에 가깝다고 지적했지만, 여기에서는 통상적으로 번역되는 '규칙'이라는 의미가 더 문맥상 알맞기에 이렇게 번역했다.

당 항목의 설명문을 대부분 찐케Zincke의 《일반 살림살이 백과사전Allgemeine oeconomische Lexikon》에서 가져오고 토씨까지 그대로 베꼈다.[406] 찐케도 사전의 서문에서는 '경제'라는 단어를 핵심 항목으로 지목했지만, 막상 본문에서는 설명문이 달린 일반 항목으로 처리하는 것이 적당하다고 보았다. 이처럼 두 개념의 의미가 계속 바뀔 가능성에 대해 당황하는 모습이 처음 확인된다.[407]

기본적으로 17세기와 18세기의 독일 사전에서는 가정과 관련된 어군語群이 존재했다.[408] 유럽 전역에서도 역시 가정이 '살림살이에 관한' 용어에서 압도적이었다.[409] 19세기 대부분 백과사전에서도 역시 '가계' 혹은 '가사 관리'라는 단어가 '살림살이'라는 항목에서 여전히 맨 앞자리에 나온다.[410] 물론 그렇다고 해서 이 단어의 일반적인 의미가 반드시 그렇다는 뜻은 아니지만, 메이어Meyer가 1848년 그 단어를 사전에 올린 근거가 그렇듯이, 사람들도 '원래' 그것이 뭘 뜻하는지 알았다.[411] 가정이라는 가장 오래된 의미는 비록 약화되긴 했지만 '경제Wirtschaft'라는 용어에도 남았다.[412] 물론 1728년 슈페란더Sperander가 유일한 용례로서 "경제는 살림살이의의 연인"[413]라고 말했을 때 이미 가장家長이라는 뜻은 여기에서 사라지기 시작했다. '살림'과 '가계'가 주부의 영역으로 점차 축소되는 현상이 일어난 것이다. 1883년 어느 교육사전이 살림살이를 "집안에서 집안을 위해 하는 일"로 정의를 내리고, 살림살이하면 요리, 세탁, 뜨개질과 바느질을 먼저 떠올리면서, 이러한 과정의 종말은 분명해졌다.[414] 그렇지만 이 용어 속에는 19세기 중엽까지도 간간히 과거 개념인 '총체적 가정'으로 환원되는 인간관계가 같이 포함되었지만, 이것도 이내 자취를 감추었다.[415]

"가계, 특히 농부의 가사 관리"와 같이 이들 단어가 혼용된 점은 두 번째 의미 전환이 유동적임을 보여준다.[416] 이보다 앞선 사전에서는 이 개념에 농업적인 색채가 가미된 점은 발견하지 못했는데, 18세기 중엽 무렵에 나온 상세한 백과사전에서는 그러한 전이의 가능성이 비로소 나타났다. 찐케와 쩨들러도 그러한 의미의 사전적 발견을 거의 부기附記 형태로 추가해놓을 정도였다. "특히 예전에는 많은 사람이 본래 제대로 된 경제Wirthschafft는 무엇보다도 농촌의 경작과 가축 사육에서 이루어지는 것으로 믿었다. 그래서 사람들은 토지-관리자Land-Wirth를 경제Wirthschafft를 수행하는 사람으로 이해했다."[417] 18세기에 도시와 농촌의 경제가 분리되면서 독일어 단어에서 농업적 요소의 의미가 더욱 부각되었다.[418] 물론, 예컨대 크뤼니츠Krünitz에 따르면, 1857년에도 여전히 경제기제Wirtschaftssystem라는 단어는 오로지 이모작 혹은 삼모작 경작과 같은 농경 방식만을 떠올리게 했다.[419] 그렇지만 독일어권에서는 이 의미가 특히 외래어인 '살림살이Ökonomie'에는 끈질기게 남아 있었다. 19세기에 '살림살이'를 설명하는 글에는 대개 위의 내용이 맨처음에 나온다.[420] 그렇다고 이들 사전에서 '살림살이'가 '농업Landwirtschaft'이라는 의미에 포함되어 완전히 사라진 적은 단한 번도 없었다. 거의 오로지 농업적인 의미로 사용되는 경우는 단지 '농부Ökonom'이라는 직업명뿐이었다. 물론 1955년에도 혹은 1968년에도 농부를 지칭하는 직업명으로는 먼저 'Landwirt'라는 단어가 사용되었고, 또한 'Ökonom'는 독일어권에서 오랫동안 경제학자라는 의미가 지배적이었는데 이것도 전반적으로 더 이상 유효하지 않게 되었다. 그래서 근대적인 사례에서 이들 단어가 실제 사용된 것과 사전에 기입된 내용은 아마 서로 달랐을 것이다.[421]

이들 사전에서 경제와 살림살이라는 개념이 강조하는 근대적 의미는 느리고 불완전한 모습으로 나타났다. 그나마 이미 18세기에 뚜렷하게 드러난 것은 세상을 엄격하게 물질적으로 이해하는 방식이었다. 발흐에게서 "살림살이Oeconomie의 첫 번째 업무는 인간이 돈을 벌어야 한다는 것인데 왜냐하면 그것이 가장 큰 가치를 지닌 것이기 때문"이었다.[422] 19세기 중엽에는 피에러Pierer와 만쯔Manz도 살림살이 혹은 경제의 최종적인 의미가 "가장 잘되는 돈벌이"에 있다고 보았다.[423] 이렇게 물질적 기능이 강조되면서 가정 혹은 국가의 포괄적인 관계와 활동에 대한 모든 생각이 궁극적으로 그 기준에 따라 걸러졌고, 이와 동시에—당시 이 단어의 의미가 농업 쪽으로 변형된 것과는 달리—상업적인 것이 살림살이에 분명하게 포섭되었다. 경제라는 것이 지금의 일반적인 뜻으로, 다시 말해 삶의 물질적인 측면과 일치하고 돈과 돈벌이와 관련된 어떤 것으로 이해되는 방식이 처음으로 사전에 반영될 정도는 되었다. 이는 많은 사전들이 '절약' 및 그와 비슷한 것을 경제를 잘 한다는 특별한 의미를 지닌 것으로 강조했기 때문인데, 지금까지도 특히 형용사형인 '경제적인' 이라는 단어에 그러한 의미[424]가 남았다.

초기에 이들 사전들은 경제의 보편적 개념에 치중했다. 물리적인 양을 측정하게 되면서, 가정, 농촌, 도시 사이에 존재하는 개별 경제와 산업 부문을 추상적으로 그려낼 수 있었다. '경제'라는 개념에 "다양한 관리 업무가 포괄되어" 있다는 점을 처음 보여준 것은 찐케, 쩨들러, 야블론스키Jablonski가 내린 정의였다.[425] 19세기에 무엇보다도 바로 이 사전들의 포괄적인 인식에 힘입어, 살림살이라는 용어의 보편화도 아직은 미진하지만 이루어졌다. 가장 널리 알려진 예는 1848년에 출간된《마이어 대사전grofse Meyer》인데, 이것은 '살림살이'의 단어를 풀이하면서 가계와 농업에 이은 세 번째 의미를 이렇게 표현한다. "일반적인 의미에서 여러 분야가 통합된 제도를 잘 관리하여 가장 큰 물질적인 이득을 안겨주어야 하는데, 이때의 원칙과 경험의 요체는, 국가 살림살이와 같이, 지출을 가능한 한 가장 절약하고, 일하는 인력과 임금을 균형을 이루도록 분배하도록 하는 것과 밀접하게 관련된다."[426]

이러한 현상 배후에 있던 국가에 대한 관념이 추가적으로 경제 전체의 양상을 파고들었지만, 어디에서나 그렇게 되었던 것은 아니었다. 프랑스에서는 1695년에 출간된 학술용어집에서 국가의 전체 살림살이toute l'oeconomie d'un Etat라는 말은 비유적인 의미를 담고 있었고,[427] 동시에 독일어에서는 슈틸러Stieler가—여전히 18세기에, 그 단어의 의미가 물질적인 것으로 좁혀진 것과 상관없이—가정의 의미를 다음과 같이 보충하는 정도였다. "추가: 궁정과 다른 곳에서 사용되는 각각의 유용한 지침."[428] 18세기에는 사전의 항목들에서 관방주의적 논의가 진행됨에 따라, '제후의 살림살이Oeconomie des Fürsten',[429] '공공 농경제 교리Lehre von der öffentlichen Lands—Wirtschafft',[430] '공공 살림살이Oeconomia publica', '살림살이 정책학oeconomische Policey—wissenschadft'[431]라는 용어는 사적인 개인경제와 구분되었다. 그래서 당연하게도 20세기로의 전환기가 지나간 후에서야 《브로크하우스Brockhaus》 백과사전에 이렇게 표현되었다. "그렇지만 국가도 '하나의 살림살이eine Ökonomie'를 갖고 있다."[432]

2. '국가경제,' '국민살림살이,' '민족경제론,' '정치적 살림살이,' 그리고 다른 학문 명칭

이러한 변화에 이들 백과사전이 즉각 반응했듯이, 19세기와 20세기에 나타난 저술과 교재에서도 새로운 경제 현상과 그것들을 다루는 학문을 지칭하는 합성된 명칭 네 가지가 서로 각축을 벌였다. '국가경제Staatswirtschaft' '국민살림살이Nationalökonomie' '민족경제(론)Volkswirtschaft(slehre)' '정치적 살림살이politische Ökonomie'가 바로 그것이다.

'국가경제'라는 용어는 유스티의 주저가 나온 이래 널리 퍼졌다. 1800년경 독일에서도 이 전문용어를 통해 아담 스미스의 수용이 이루어졌는데, 다만 원어가 별로 사용되지는 않았다.[433] '국가—살림살이Staats-Ökonomie'이라는 변형된 명칭에서 드러나듯이, 헤겔Hegel이 국가를 하나의 체계로 승격시키자, "최근 맨바닥에서 솟구쳐 오르는 이 학문"도 한 자리를 차지했다. 이 학문의 대상은 부르주아 사회의 주관적 욕구로서, 국가가 아직 나타나지 않아서 통제하지 못하던 이기적인 충동이었는데, 이 학문이 출현하여 "수많은 우연들에서 법칙을 찾아냄으로써 그러한 충동에 명예를 부여했다." 헤겔은 말하자면 국가 이념을 보편적으로 수용했는데, 이제 그 여파가 그것의 살림살이 단계에 미쳤던 것이다.[434] 그렇지만 이밖에도 1838년 그는 이를 두고 숙고한 적이 있었는데, 이때는 '국가경제라는 개념Begriff der Staatswirthschaft'을 일반 행정과 경제학, 둘 중 어느 쪽으로 이해해야 할지 확실한 결정을 내리지 못한 채 있었다.[435] 이 개념은 독일의 각 개별 영방에서 사용되다가 국민국가에는 더 이상 전달되지 못했다.

이러한 국가경제라는 명칭 형태를 독일에서 밀어내고 대신 들어선 것이 '국민살림살이'와 '민족경제'라는 개념이다. '국민살림살이'이라는 개념은 아담 스미스의 이론을 받아들이고 씨름하는 과정에서 처음 등장한 것처럼 보이고, 아마도 '국부론Wealth of Nations'이라는 스미스의 책 제목에 기댄 결과였을 것이다. 1796년 자르토리우스Sartorius가 협소한 의미의 실제적인 국가 경제를 다루기에 앞서 총론을 먼저 제시했는데, 그는 아담 스미스를 따르지 않고[*] 이 부분에서 "국민의 욕구를 만족시켜주는 원천 혹은 국민 복리의 요소"를 다루었다.[436] 1805년 조덴Soden과 야콥Jakob도 일련의 제목에서 '국민살림살이(Nazional-Oekonomie[437] National-Oekonomie[438])'라는 단어를 언급했다. 1863년에 전문학술잡지인 《국민살림살이와 통계를 위한 연보Jahrbücher für Nationalökonomie und Statistik》가 창간되고 1874년에 로셔Roscher가 근대초의 사상사를 저술하면서 처음으로 이 19세기의 용어를 제목에 반영하여 《국민살림살이 역사Geschichte der National-Oekonomie》라는 이름을 붙이자, 마침내 이것이 학문적이고 정치적인 방향 그리고 살림살이에 관한 모든 것을 수용할 만한 개념성을 지닌 학문 명칭으로 굳어졌다. 1830년에 립스Lips가 최초로 분명하게 '독일의 국민살림살이 Deutschlands National-Oekonomie'라는 주제를 꺼냈지만[439] 살림살이의 '국민적 성격'이 부각된 것은 1848년 혁명과 그 전야의 시기로 그때 그것의 정치적 의미가 가미되었다. 리스트List는 살림살이의 세계주의에 대한 독일의 이해관계를 염두에 두고 그것의 기원에 반대되는 개념을 강조하면서 "국민살림살이의 임무"를 "국민의 살림살이 교육"에서 찾았다.[440] 독일통일로 국가와 국민 사이의 긴장이 해소되면서 이 표현은 거대한 정치적 통일체를 지향하는 모든 경제적 관점을 학문적으로 포괄하는 개념이, 뿐만 아니라 경제학적 관점 전반을 아우르는 전문용어가 되었다. 그렇지만 이

---

[*] [옮긴이] 주지하다시피 아담 스미스의 《국부론》은 총론부분이 없고 제1장에서 바로 노동의 분화에 대한 이야기로부터 시작한다.

개념이 '때로는 고루한 것'으로 간주되기도 했고 오늘날에는 완전히 수세에 몰린다.[441] 이는 아마도 제2차 세계대전 이후 국민이라는 개념성의 위상이 추락하고 위기를 맞게 된 현상과 관련이 있는데,* 그래서 이 개념이 역사적으로 형성되는 과정에서 '국민적인' 부분이 차지했던 몫은 제한되었다.

두 번째로 성공한 개념이 국민살림살이에 관한 개념보다 약간 늦게 나타난 '민족경제'라는 것인데, 그래서 '살림살이'와 '경제'라는 쌍둥이 개념 모두가 이 합성어에 스며드는 데 오랜 시간이 필요했다. 이 개념이 의미를 획득하게 된 데에는 라우Rau의 저작이 중요했는데, 그는 우선 1819년 상트페테르부르크에서 활약하던 스미스주의자인 스토르흐Storch의 《정치살림살이 강좌Cours d'économie politique》를 《국민경제학 안내서Handbuch der National-Wirthschaftslehre》로 번역하면서 그때 이미 '국민경제' 혹은 '민족경제'라는 단어를 시험해보았다.[442] 그런 다음 그는 1826년 자신이 쓴 교과서에서 민족경제학을—이 신조어의 '아주 거친 어조'에 양해를 구하면서—국가의 경제 정책('민족경제진흥Volkswirthschaftspflege')과 국가 재정('재정학Finanzwissenschaft')으로부터 확실하게 분리시켜 제1부 이론 부분을 구성했다.[443] 여기에 사족을 붙이자면, 이들 교재들이 기꺼이 '국민살림살이' 혹은 '민족경제학'이라는 이중 제목을 감수하거나[444] 혹은 '민족경제'라는 용어를 내용상으로 수용했다고 하더

---

* [옮긴이] 나치 패망 이후 나치의 명칭에도 들어 있는 국민Nation에 대한 어감은 독일 사회에서 부정적이었다.

라도, 이 명칭은 주로 부차적인 유사 개념에 머물렀다. 또한 백과사전도 표제어로 먼저 '국민살림살이'를 내세웠고, 그것의 독일식 표현인* 민족경제라는 단어는 그저 부가적이거나 예시적으로만 사용했다.[445] 그렇지만 1878년 마이어 사전이 '국민살림살이'라는 표제어를 설명할 때 '민족경제'라는 단어를 가장 자주 썼고 이를 "비교적 가장 좋은 이름"이라면서 핵심적인 요약어로 삼았다.[446] 실제로 '민족경제'라는 용어 쪽으로 쏠리는 현상은 20세기까지 지속되었는데, 그것은 아마도 독일 학계가 역사성과 전체성의 의미를 그 개념에 요구하면서 빚어진 현상이었다.

국제적으로는 이와 반대로, 서부 유럽으로부터 출발하여 '정치적 살림살이politische Ökonomie'라는 단어가 관철되었다.[447] 독일에서는 이 명칭이 부차적인 어휘에 불과했지만, 사용 빈도수는 19세기 내내 어느 정도 유지되었다. 이 개념을 채택했던 일반적인 논거는 국제회의의 필요성이었다.[448] 가사경제라는 원래의 의미가 더 이상 드러나지 않고 사람들이 스스로 '거대한' 경제를 생각하는 한, 19세기 중엽 이후 서부 유럽에서는 간단히 '살림살이économie' 혹은 '살림학economics'이라는 말에 만족할 수 있었다.[449] 독일어권에서는 그러한 단어가—19세기 이래 쓰이긴 했지만 최근에야 비로소 널리 퍼진—'경제'와 '경제학'에 대응되는 말로 사용되었다. 독일어권에서 1900년 무렵에 여전히 살아 있었

---

* [옮긴이] 국민살림살이에서 국민Nation에 해당하는 독일어가 민족Volk이고 살림살이 Ökonomie에 해당하는 독일어는 경제Wirtschaft라는 점에서 그렇다.

던 그 국제어가 제1차 세계대전과 함께 사라졌지만, 제2차 세계대전 이후 르네상스를 맞이했고 1960년대에는 출판사들이 이전에 출간된 저작을 제목만 그것으로 바꾸어 달 정도로 아주 강한 호소력을 발휘하기도 했다.[450] 그렇지만 이 개념노 역시 특별한 전통의 길을 밟아왔다. 1859년에 나온 마르크스의 첫 경제 저작이었던 《정치적 살림살이의 비판을 위하여*Zur Kritik der politischen Ökonomie*》라는 제목이 1867년에 《자본론》에서 부제로 다시 수용되었다. 마르크스는 '정치적 살림살이'를 오로지 자본주의적 기제와 그에 대한 인식과 연관시킨 반면, 엥겔스는 이 명칭을 자본주의 이전과 이후 모든 시기와 상황에까지 적용시키기 시작했다.[451] 그 후 이 용어는 마르크스주의의 긍정적인 표식으로 그 진영의 이론가들에 의해 특히 잘 사용되고 있다.

그래서 이와 경쟁하던 모든 학문 명칭에 근대적인 '경제' 개념이 포함되었다. 19세기 백과사전에 나오는 합성어에서도 가내경제라는 요소가 사라지고, 그 원초적인 형태 대신에 중상주의에서 중농주의를 거쳐 산업사회로 넘어가는 발전 경로—총체적이고 독자적인 경제 개념의 변증법적인 재구성—을 보여준다.[452] 이러한 근대적인 경제 개념은 학문적으로 형성되었지만, 이어 '사회' 및 '역사'와 맺는 현실적인 관계에서도 그 쓰임새를 스스로 입증해야만 했다.

3. 국가와 사회에서 살림살이 요소

엥겔스는 젊은 시절인 1845년에 독일 독자들에게 영국 부르주아 사회에 대해 이렇게 말했다. "악덕업자의 정신이 온갖 언어에 스며들어, 모든 관계가 상업적 표현으로 묘사되고, 살림살이의 범주에서 해명된다."[453] 경제적으로 덜 발전한 독일에게는 이것이 주목할 만한 현상까지는 아니었다. 그렇지만 그 당시, 곧 대략 1830년에서 1850년 사이에, 정치와 언론에서 경제 문제를 언어로 표현하는 일이 분명히 늘어났고, 곧 대략 오늘날과 같은 정도에 도달했다. 이렇게 빠른 양적인 발전에서 고착된 것은 엥겔스가 동등하게 거론했던 두 단어의 범주, 다시 말해 '상업적 표현'의 영역에서 '살림살이ökonomisch' 영역, 말하자면 '경제' 영역으로 점진적인 이동이었다.

왜냐하면 19세기 전반기에는 '경제'라는 단순한 개념이, 그것의 가내경제적인 연원 때문에 아직은 오해를 사기 쉬워서, 실제 사회의 업무에서는 미처 잘 쓰이지 않았다. 유명한 1815년 연방법의 제19조는 "다양한 연방국가들 사이의 상업과 교통에 대한"[454] 협정을 규정했는데, 독일의 경제적 통일은 이러한 용어상의 틀에서도 확인된다. 1848/49년의 독일정부에는 '상무장관Handelsminister'이 존재했고,[455] 프로이센 상무성은 1917년 '제국경제성'으로 교체될 때까지 새로운 독일제국에서 계속해서 그 기능을 수행했다.[456] 1861년 설치된 '독일상업의 날Deutschen Handelstag'—1918년 이후 더 선명해진 '산업과 상업의 날Industrie- und Handelstag'[457] —
로 인해 이들 용어의 일부가 현재까지도 남아 있다. 1860년대에는
당시의 법령과 언론 기사에 주로 나타나는 어휘는 '상업적인 관
계'였는데, 이것이 '경제 문제'로 언급되는 경우는 꽤나 드물었
다.[458]

이렇게 상업이란 단어가 뒤늦게 상당히 늘어났음에도 불구하고
19세기 중엽 이후 '경제'라는 단어가 부분적으로 의미를 확대하
면서 경쟁력을 갖게 되었고 결국 후반에 가서 승리했다는 점은,
오로지 학문적인 전문용어에 불과했던 이 단어 내에서 19세기 초
부터 이론적인 혁신이 이루어지고 경제-살림살이라는 단어가 갖
는 영역이 확고해졌다는 배경에서만 이해될 수 있다. 여기서 이
독일어의 개념사는 살림살이 영역이 사회에서 확장되어갈 때 해
당 용어가 실제보다는 이론에서 우위에 서게 되었음을 보여준다.
왜냐하면 현실에서 사용된 근대적인 경제 개념은 가정이나 단일
한 경제 부문의 전사前史가 직접 변형되어 나타난 것이 결코 아니
라, 국민살림살이-민족경제라는 학문 명칭이 더욱 새롭게 된 결
과이기 때문이다. 이들 명칭은 첫 단계에서 구체적으로 적용되었
고 두 번째 단계에서 단어가 축약되었다.

첫 단계에서 거대경제의 학문적 명칭이 현실에서 사용될 가능
성은 이론적인 '민족경제론'과 실질적인 '민족경제정책'을 대비
시킴으로써, 다시 말해서—그 대상을 부르는 데에서도—이중적
인 단어의 사용을 촉발시킴으로써 나타나기 시작했다.[459] 1830년

실용적인 경향을 띤 국민살림살이에 대한 립스Lips의 강령집綱領集은 "이 책이 다루는 …… 대상은 독일의 민족경제Volkswirthschaft"라고 했으며, 이제는—책 제목에는 여전히 세분화했던—"경작, …… 산업, 그리고 상업"의 발전에 대한 총칭으로 사용했다.[460] 로렌츠 폰 슈타인Lorenz von Stein은 1850년 법적 평등에 근거하면서도 또한 재산의 차이에도 바탕을 둔 프랑스 사회를 관찰한 후 그것을 '민족경제적인volkswirtschaftliche 사회'라고 말했는데, 이때의 표기법이 포괄하는 범위로 보자면 최고조에 달했다.[461] 이 '상업정책의 위기'를 '민족경제적인 문제에 대한 중앙기관과 민족대표 Zentralbehörde und Volksvertretung auch für die volkswirtschaftlichen Angelegenheiten'를 통해 극복하고자 민족경제협회와 '독일 민족경제학자 대회Kongreß deutscher Volkswirte'가 조직되면서[462] 이제 민족경제의 개념이 실제에서도 우위를 차지했다.

두 번째 단계인 명칭 축약도 이와 마찬가지로 국민살림살이라는 학문의 주변에서 시작되었다. 마르크스와 독일 사회민주당 계열의 이론가도 기꺼이 그랬지만, 리스트는 '살림살이'의 형용사를 국민살림살이의 의미로 사용했다.[463] 립스는 1830년 '국민살림살이'와 '민족경제'뿐만 아니라 '독일의 경제적 상태Deutschlands wirthschaftlicher Lage'라는 단어도 언급했다.[464] 이 축약된 표현 방식('경제적wirtschaftlich')은 '민족경제' 개념을 지지하는 분위기 속에서 그것을 우회적으로 표현하고자 할 때부터 비로소 서서히 생겨난 것이었다. '독일민족의 건전한 경제 발전'이라는 말이 '독일

경제학자 대회'라는 표현에서는 거의 의역이나 다름없었지만, 사람들은 그나마 '민족경제적인 관점'보다는 간단히 '경제적 인식'이라 말할 수 있었다.[465] 무엇보다도 '경제적'이라는 형용사는 대체로 성가시고 긴 형태에서 벗어나 19세기 후반에 '상업적'이라는 단어나 '살림살이적'이라는 단어보다 우위에 서게 되었다. 이제 사람들은 어디에서나 '경제 문제', '경제적 이해관계', '경제 위기', '경제생활', '경제 정책'과 같은 여러 합성어를 접하게 되었다. 1900년 무렵에는 '민족경제'도 '경제'로만 남았다.

근대적인 경제의 개념이 19세기 전반기에 처음에 머뭇거리면서 주로 이론적으로만 전개되다가 이후에 점차 빠르게 관철되는 과정을 밟는데, 이는 독일식 산업화의 궤적을 닮았다. '상업'과 '경작'이라는 개념을 배제하지 않으면서도 이 경제 용어가 특별한 지지를 얻게 된 것은 산업화 경향—그리고 생산 영역에 대한 그것의 이론적이고 실제적인 단초—때문이었다. 이른바 창업 시기 Gründerjahre* 직후에 회자되던 것처럼, "이전에는 아주 느린 경제 기제"가 있었지만 이제 사람들은 "완전 가동되는 화력발전소가 추진하는 거대경제"를 보고 있었다.[466] 비스마르크의 보호관세 정책과 사회 정책, 그렇지만 특히 제1차 세계대전의 전시경제[467]로 말미암아, '경제'의 실제적인 사고방식에서도 직접적인 정치 현안이 전면에 나서게 되었고, 이는 20세기에 여러 형태로 남아 있었다.

* [옮긴이] 1871년 이후 독일의 경제 호황기를 말한다.

그저 '관세 및 통상 제도'만 언급했던 1871년 헌법과 달리, 바이마르 헌법만 하더라도 '경제생활'에 대한 포괄적인 부분을 포함시켰다. 첨언하자면 이것은 20세기의 정치사회적 언어가 경제 개념과의 연관성을 강화시켰다는 점을 헌법상의 문서로 입증해주는 사례이다.[468]

이렇게 정치사회적인 요소를 포함한 경제라는 개념은 응당 언어상으로 그 발전 경로를 밝혀주는 다양한 이데올로기적 함의를 갖고 있을 것이다. '경제'라는 보편개념이 확립되고 그것이 더 새로운 언어로 파생함과 동시에 '살림살이'의 형용사를 단어 앞에 붙임으로써, 근대적인 개념의 사용에서는 소유관계—예컨대 '가장家長의 경제', '독일의'—가 더 사라지고 경제적 주체가 더 이상 표시되지 않는다.[469] 그러나 이 언어의 익명화 경향으로 위에서 보는 것처럼 실제로 그 단어가 쓰일 때에는 무엇보다 새로운 학문에 의해 도입된 사회 전체와 연관된 단어('국가', '국민', '민족')도 사라지게 되었다. 특히 다름 아닌 국가의 간섭이 점차 늘어나는 바로 그 단계인 19세기 마지막 사사분기부터 이러한 진행이 가장 강력하게 이루어졌다. 이렇게 굴절된 발전 경로—실제로는 국가 및 사회와의 연관성이 커져가지만 용어에서는 그와 반대로 연관 주체가 사라지는—을 설명하는 방식으로는 본질과 외양 사이의 이데올로기적 속임수라거나, 혹은 반대로 국가의 간섭이 커져서 자명할 정도가 되었으니 언어로 표현하는 것이 불필요하다거나, 아니면 변화무쌍한 국가의 개입에 대응했던 언어 발전의 내재적 논리 등을 들 것이다. 어찌되었던 간에, 결과적으로 '경제'라는 개념은 각각의 경제 주체들과 경제 전체 사이에 존재하는 이해관계의 대립을 언어상으로는 감출 수 있었다.

슈트레제만Stresemann*이 1928년 '산업과 상업의 날'에서 한 연설을 보면 국가지도부에 대한 결정적인 영향력을 놓고 기업가와 노동자들 사이에 벌어진 갈등에서 수사학적으로 무엇을 얻어낼 수 있었는지를 알게 된다. "우리가 독일 경제[곧 민족경제-필자]의 건설을 원한다면 경제[곧 기업가-필자]는 자신의 초과이익 가운데 얼마간을 기업에 다시 투입할 수 있는 상황에 있어야 한다. (아주 옳소!) (아주 좋아!)." 그것은 주주들의 이익에 도움이 될 뿐만 아니라 공장에도 이익이 되며, 그것이 "경제[주주-필자]와 단일 공장에 최선일 뿐만 아니라 국가의 경제정책 전반에도 최선일 것이다. 왜냐하면 우리는 그래야만 미래에 건전해진 경제[민족경제?-필자]를 갖게 될 것이기 때문이다. (열띤 환호). 이와 동시에 이것은 또한 최상의 사회정책이다. 왜냐하면 임금의 등락이 항상 그렇고 노동조합의 조직이 항상 그렇듯이 경제[기업가와 민족경제?-필자]가 최고로 올라갈 때 그것도 최고가 될 것이고(아주 옳소!) 만약 경제[기업가?-필자]가 휘청거리고 더 이상 유지하기 힘든 상황이 되면 모든 조직들도 산산조각이 날 것이다. (또 다시 환호)."[470] 기업가의 이익이 현재 민족 전체의 이익이라는 논쟁적인 발언이 위의 수사

---

* [옮긴이] 슈트레제만Gustav Stresemann(1878~1929)은 바이마르공화국 때 독일정치가로 외무상을 지냈으며 전후 평화가 정착시키는 데 기여한 공로로 노벨상을 수상했다.

학적 표현으로 논란의 여지가 없는 것으로 둔갑했던 것이다. 다시 말해서 그런 경제 없이는 사적인 경제적 관점과 민족경제의 관점이 하나로 통일된 그런 경제도 없다는 식으로 말이다. 여기서 더욱 분명해지듯이, 경제의 각 분야와 직종에서 경제를 이해하는 방식은 경제 전체를 이해하는 방식을 좇아서 이루어졌건만 인용한 사례에서는 민족경제적인volkswirtschaftliche 것과 교묘하게 혼용되었다.

이 문제는 문화 전반에서 통용되는 살림살이 영역이 어디인가에 대한 물음 가운데 특수한 사례이다. 이에 대해 가장 폭넓은 언급을 가한 사람은 마르크스로 그는 다음의 정식을 제시했다. "사회의 살림살이 구조는 실질적인 토대로서 그것을 바탕으로 법적·정치적 상부구조가 형성되고 거기에 상응하여 사회적 인식의 형태가 결정된다."[471] 이러한 전통에 기초를 둔 모든 마르크스의 저작을 특징짓는 이러한 단초를 막스 베버Max Weber는 '무분별한 학술적 소관부처 우선주의rabiater wissenschaftlicher Ressortpatriotismus' 라고 불렀다.[472] 이러한 면에서 이 사고방식의 가장 강력한 반대자는 나치였는데, 이들은 비록 경제의 흐름을 주시하고 사적 자본주의적 형태로 흘러가도록 놔두었지만, 민족적 목적을 달성하는 수단으로서 분명히 히틀러의 명령, 곧 정치에 종속되도록 만들었다. 이러한 우위의 징후를 보여준 것이 히틀러의 권력 장악 이후에 나온 내부 지침이었다. "경제적 결정은 계속 대기하도록 하고 민족의 전체 행동은 순전히 정치적인 것에 집중하라."[473] 1939년 '독일

노동전선Deutsche Arbeitsfront'*의 대표가 자신의 소관 업무에 관해 연설했을 때조차, 라테나우Rathenau의 발언과는 반대되는 암시가 들어 있다. "우리의 운명은 경제가 아니라, 피와 인종과 결합된 모든 독일인 공동체이다."[474] 이때 일반적인 백과사전에서 자주 볼 수 있는 새로운 경향이란 경제 개념에 '생활 영역'을 가미시키는 것이었다.[475]

4. 시간과 역사에서 살림살이 요소

19세기 초반 새로운 국민살림살이 형태에 대한 기본서적의 특징은 '국민적 부의 등장과 증가'에 대한 사고방식이었다.[476] 이렇게 세계의 부가 증가할 가능성을 모두가 전제로 하면서 새로운 경제 개념에 마지막으로 연결되는 지점이 시간과 역사이다. 이것은 탁월한 독일의 두 대변자, 곧 산업 발전의 선구적 사상가인 리스트와 19세기 전반의 경제적 흐름에 대한 날카로운 해석자이자 사회주의적 대안의 대변자인 마르크스에게서 개념적으로 명료해질 것이다.

자유무역을 보편적인 원칙으로 삼지 않은 리스트는 신중상주의라는 비판에 대해 원칙상의 차이점을 제시했다. 곧 모든 것을 "이

---

* [옮긴이] 나치 시대의 노동자조직

른바 중상주의 학파와는 전혀 다른 토대—곧 역사와 자연의 토대 위에—세웠다"는[477] 것이었다. 리스트 사상의 출발점은 "민족살림살이(곧 '경제')의 단계적 발전", 곧 원시상태에서 순수한 농업 경작을 거쳐 점점 더 중요해지는 매뉴팩처, 무역, 산업으로 가는 '국민들의 살림살이' 발전을 거친다는 점이다. 자유무역이 유리한 것은 최고의 단계, 곧 영국이 달성한 단계에서나 가능하고, 독일과 같은 '뒤처진 나라'에서는 그렇지 않은 것으로 보았다. 거기에서 고안된 것이 '생산력의 이론'으로서, 이는 독일의 발전에 필요하고 그 자체로 시간적 차원에 있었다.[478] 왜냐하면 몇 세대를 거치면서 축적된 정신적 자본이야말로 생산적이었고 이것은 한 국민의 미래에 대한 투자 방식이었기 때문이었다. 리스트의 경제관념은 시간대에 걸쳐 있는 보편적인 생산과 성장의 사회를 국민의 틀 속에서 구조적으로 묘사했다. 고전학파에 대한 비판적 표현에서 그는 그들의 새로운 살림살이 개념을 더욱 예리하게 만들었다.

'역사'는 '공산당선언'에서 첫 번째로 나오는 단어이고, 그 선언 역시 마찬가지로 일단 정치사회적으로 규정되는 역사적 시기—여기서는 계급투쟁의 시기—에서 출발했다. 마르크스는 역사에서 시작하여 거기에서 점차 중요해진 생산을 거쳐 경제에 이르는 경험적인 길을 밟았지만, 그의 후기에 나온 이론적 저작에서는 역사 전체로 더욱 폭넓게 되돌아간다. 생산은 '실질적인 출발점으로서', 또한 그렇게 때문에 살림살이 과정의 '결정적인 순간'을 의미하는데, 이러한 생각이 케네, 리카도 그리고 존 스튜어트 밀에서 정점에 이르고 노동의 잉여가치론, 다시 말해 자본가들에게서 "무 無에서 창조하는 놀라운 매력이라는 비웃음을 샀던"[479] 바로 그 잉여가치론으로 결국 귀결되었다. 거기에서는 자본주의적 생산 방식이 역사적으로 특별한 형태로 상대화되었지만,[480] 그렇다고 해서 거꾸로 근대를 전반적으로 생산에만 고정시킨 것도 아니었다. 생산력과 생산관계의 상존하는 갈등에 대한 모델로 인해 사회적 생산 방식은 역사에서 보편적인 것으로 고양되었다. 그렇지만, 마르크스가 예리하게 지적한 바대로, 이것의 배후에는 근대적인 합의가 있다. 곧 생산을 통한 성장을 목적으로 하는 경제나 그 시대의 생산력의 양적 질적 상승을 역사의 본연적인 임무로 간주하고자 하는 근대적 합의이다. 따라서 미래에 지배자로 나설 프롤레타리아트에게 "생산력의 양을 가능한 한 빨리 증가시켜야 하는" 임무가 주어져 있다면 그의 말마따나 그 역사의 본연적인 임무도 미래로 늦추어질 것이다.[481]

리스트와 마르크스는, 19세기에 막 등장하던 산업자본주의에 강한 인상을 받고서, 근대적인 경제 개념의 특징인 이른바 생산 지향성과 역사성이라는 사상적 단초를 서로 다른 이해관계 속에서 해명했다. 역사적 과정이 여러 세대와 시대를 면면히 이어져 온 축적의 과정이자 생산가능성이 집중화되고 증대되는 과정으로 이해되면서, 역사적 발전과 진보의 관념에서 특히 살림살이의 토대가 중요하게 되었다. 이러한 토대는 근대의 상황을 실제로 경험하면서 입증되었다. 그 후 학문적인 전문화를 거치면서 여러 갈래의 길로 나뉘었지만, 방향은 경제단계론의 폭넓은 확대를 거쳐서 독일 국민살림살이의 역사학파 그리고 경제사로 이어졌다. 이후 법칙정립적이고 수리적인 경향이 등장하여 가변 모형의 비교를 통해 나름대로 시간적 요소까지 고려되었다. 심지어 한계효용학파에 다다르면 개인의 심리적인 시대 경험까지 분석했다. 그렇지만 이러한 이면에는 경제를 과정으로 혹은 시간적인 성장 구조로 파악하려는 근대적인 노력이 있었다.

그렇지만 20세기 전반기에 결코 간과해서 안 되는 것은 성장위주의 고전적 경제 개념이 어느 정도 약화되어 변화의 조짐을 드러내고, 분배 투쟁에 집중했다는 점이다.[482] '경제'에 대한 이해방식이 부富의 성장에서 결핍의 관리로 바뀌고 있다. 이것 역시 양차 세계대전 시기에 들이닥친 것이었다. 이것의 절정은 1932년 로빈스 Robbins가 제시한 다음과 같은 유명한 정의였다. "경제학economics이란 목적과 대체 사용이 가능한 결핍된 수단 사이의 관계를 통해 인간의 행동을 연구하는 학문이다."[483] 그렇지만 이런 근대적 의식에서 특징적인 사실은 제2차 세계대전 이후 시작된 내실화와 상승국면을 더 이상 불경기에서 호황기로 바뀌는 경기변동의 전환으로 보는 것이 아니라, 경제위기를 거쳐 보편적인 상승운동으로 복귀하는 형태가 종말을 고한 것으로 이해했다는 점이다.

이에 따라 경제학적 분석은 점차 증가하고 있는 사회적 생산물과 투자율에 집중되었고, '경제적 성장'이나 '경제 성장'이라는 단어에서, 살림살이 기제가 시간대를 걸쳐 지속적으로 팽창하는 현상을 설명해주는, 일상적 언어와 결합된 이론과 개념을 찾았다.[484] 경제 이론에서 경제 성장에 대한 생각이 지배적임을 잘 말해주는 단어가 바로 경기 변동이 움직이는 영역인 성장 궤적 Wachstumspfad이다. 이에 반해 일반적인 언어에서 경제적인 것이 '성장'이라는 단어로 표시된다는 사실은 제목과 표제어 자체에서 확연하게 드러난다. 실제로 성장의 관념은 생산과 보편적 성장가능성에 근거한 근대적인 경제 개념의 요체이다. 1971년 로마클럽이 자원과 환경문제를 고려하여 세계인식을 바꾸는 '성장의 한계'라는 핵심어를 제시함으로써[485] 근대적인 경제 개념 전체가 위기에 처하기 시작했음을 보여줄 수 있었다.

전망(1983년):
경제와 생태

CHAPTER VIII

Ausblick (1983): Ökonomie und Ökologie
VIII. 전망(1983년): 경제와 생태

● ● ●　　　현재 언어에서 '생태Öko'라는 어근이 붙은 합성
어가 널리 퍼지고 있다. 예컨대 1971년 이후 백과사전에 등재된
'생태파괴Ökokatastrophe'[486]가 심각해짐에 따라 '생태연구소Öko-
Institut'는《생태-연보Öko-Almanach》에서 '생태-말살Ökozid'[487]을
경고했다. 오이코oiko[집]라는 단어가 2500년 동안 '관리nomia'와
결합하여 19세기에 신조어를 만들어냈던 것과 달리, 1970년대부
터는 정치사회적 논쟁의 핵심 개념인 '생태학Ökologie'으로 부상
한 셈이다. 그리스에서 '가사의 관리'라는 의미로 생겨난 이 단어
는 '경제'의 뜻으로 발전했지만, 1866년 동물학자이자 철학자였
던 에른스트 헥켈Ernst Haeckel이 이를 "유기체와 그것의 주변 환경
사이의 관계를 연구하는 전체학문"[488]을 서술하는 단어와 접목시
켰다. 이러한 생물학적인 가사 관리의 개념은 자연과학의 전문 분
야에서 더욱 확대되었고 결국 1970년경에 환경의 위험성이 경종
을 울리게 되면서 이 용어가 갑자기 여론의 논쟁에까지 등장했다.

여기서 '생태'라는 단어는 점점 더 모든 사회기제를 넘어 산업경제의 잘못된 형태까지 비판하는 의미를 담은 총칭어가 되었다. '경제Ökonomie와 생태Ökologie'이라는 단어는 어원학에 근거하여 발음도 비슷하게 나고, 무엇보다도 책 제목이나 강연, 혹은 교육 활동에서 이 두 개념을 나란히 대비시킴으로써, 말하고자 하는 바의 핵심을 드러내는 경향이 있다.[489] 산업화를 나란히 거친 두 경제 개념('경제'와 '살림살이')이 최근에는 이렇게 언어상으로는 유사한 대립 개념으로 등장하여 시공간적 관계에서 통용되는 영역의 경계를 구분 짓는다. 곧 경제 기제가 자기기능을 안전하게 확보하고자 타 존재가 위협받을 정도로까지 다른 영역을 침해하는데, 이에 대해 생태학은 이를 관할 영역을 놓고 벌이는 경쟁으로 보고 생물학적인 영역을 자연관리(생태기제)로 지켜내고자 한다. 그렇지만 근대적 경제는 제도화된 생산과 성장의 기제이기 때문에, 바로 여기에서 방향 전환, 많은 기록자들이 관측해온 방향 전환이 자주 일어난다.[490] 경제 성장에 대한 비판으로 생태운동은 역사적인 제동장치의 역할을 쉽게 맡는다. 이론적으로 민감한 많은 관측가들은 "자연이 진보의 한계를 제시했다는 주장이 여론에서 엄청난 증거와 설득력을 얻은 현재의 상황을 대부분 어이없게 생각"[491]한다. 근대적인 경제 개념의 발전과 함께 등장한 생산적이고 발전적인 자연 개념과 대조적으로, 생태적인 자연 개념은 구조적으로 폐쇄적인 경제 기제의 이상형에 대항하는 재활용과 균형물에 그치는 것이 아니라 경제의 근대적인 의미 발전을 이끌어내고 그것을 동반했던 생산-진화론적인 자연 개념에 대항하는 세계적인 모델을 지향한다. 그렇지만 다른 한편으로 생태적인 관점에서는 민족경제적인 총계산 방식이 그것의 후속 비용을 빠뜨렸기 때문에 사실상 실질적인 성장을 측정하기 어렵다고 비판하고, 대신 '질적인 성장'을 요구한다.[492] 생태 개념에 대해 아직 등을 돌리는 경우는 없지만, 그래도 많은 사람들은 경제적 성장에 대한 비판으로 역사적 진보를 폐기할 것이 아니라 그것이 어디에 서야 하는지를 정확하게 규정해야 한다는 데 입을 모으고 있다. 그렇다면 경제와 역사 사이의 관계는 다시 논의되어야 할 것이다.

요하네스 부르크하르트Johannes Burkhardt

주석과 참고문헌에 사용된 독어 약어 설명

abgedr.(abgedruckt) = 인쇄된, 활자화된

Anm.(Anmerkung) = 주註

Art.(Artikel) = (사전 따위의) 항목, (법률의) 조條

Aufl.(Auflage) = (책의) 판(초판, 재판 등의)

Ausg.(Ausgabe) = (책의) 판(함부르크판, 프랑크푸르트판 등의)

Bd.(Band) = (책의) 권

Bde.(Bäde) = (책의) 권들

ders.(derselbe) = 같은 사람[저자](남자)

dies.(dieselbe) = 같은 사람[저자](여자)

Diss.(Dissertation) = 박사학위 논문

ebd.(ebenda) = 같은 곳, 같은 책

f.(folgende) = (표시된 쪽수의) 바로 다음 쪽

ff.(folgenden) = (표시된 쪽수의) 바로 다음 쪽들

hg. v. ⋯(herausgegeben von ⋯) = ⋯에 의해 편찬된(간행자, 편자 표시)

Mschr.(Maschinenschrift) = (정식 출판본이 아닌) 타자본

Ndr.(Neudruck) = 신판新版, 재인쇄

o.(oben) = 위에서, 위의

o. J.(ohne Jahresangabe) = 연도 표시 없음

s.(siehe!) = 보라!, 참조!

s.v.(sub voce) = ⋯라는 표제하에

u.(unten) = 아래에서, 아래의

v.(von) = ⋯⋯의, ⋯⋯에 의하여

vgl.(vergleiche!) = 비교하라!, 참조!

z. B.(zum Beispiel) = 예컨대, 예를 들자면

zit.(zitiert) = (⋯⋯에 따라) 재인용되었음

주석

이 단어가 최초로 나오는 곳은, Platon, Apol. 36b.

예컨대 Homer, Odyssee, 1, 232; 2, 64; 4, 181. 183. οἶκον ἔχειν은 "가계를 관리한다"라는 뜻이다, ders, Ilias, 15, 498; Hesiod, Erga, 23, 244. 325. 376. 495.

Homer, Odyssee 14, 223; ebd., 15, 21: οἶκον ὀφέλλειν

Phokylides 2, 7 D.

Vgl. Kurt Singer, "Oikonomia, An Inquiry into Beginnings of Economic Thought and Language", *Kyklos* 11 (1958), 36f.

Vgl. Herdodot 1, 59, 6; 5, 29, 2. 이에 대해서는 Christian Meier, *Die Entstehung des Politischen bei den Griechen* (1980), 2 Auf. (Frankfurt 1983), 117, mit Anm. 68.

Phokylides 2, 7D; Aischylos Agamemnon, 155; Lysias 1, 7.

Sophokles, Fragment 487; Euripides, Hekuba 1277; 폄하하는 의미로 사람을 지칭한 사례는 Aischylos, Agamemnon 1255.

Xenophon, Oikonomikos 1, 2; Platon, Pol. 147a; Platon, Politikos 259b; "그렇지만 가장과 주인은 하나이다οἰκονόμος γε καὶ δεσπότης ταὐτόν."

[10] 예컨대, 묘비명에 나타난 증거로는 다음을 참조하라. Inscriptiones Graece, t. 5/1: Inscriptiones Laconiae et Messeniae, ed. W. Kolbe (Berlin 1913), 40. 1235; Inscriptiones Graecae ad res Romanas pertinentes, ed. René Cagnat u. a., t. 4 (Paris 1927), 1699; Tutuli Asiae minoris, ed. Ernst Kalinka, t. 2 (Wien 1930), 518.

[11] 예컨대 Lysias 1, 7; Demosthenes 27, 50; 그러나 다음과 같이 대부분의 경우 폴리스의 관리와 연관되었다. Euripides, Elektra 386f; Platon, Menon 91 a; Isokrates 2, 19.

[12] Xenophon, Oikonomikos, 1, 1, 4.

[13] Die Inschriften von Priene 6, 30 (um 330), ed., F. Hiller v. Gaertingen (Berlin 1906); Sylloge Inscriptionum Graecarum, ed. Wilhelm Dittenberger (1898/1901), 3. ed. (Leipzig 1915/24), 352f. (Ephesos, Ende 4. Jh.)

[14] 이에 대해 자세한 것은 다음을 보라. Michael Rostovtzeff, *Social and Economic History of the Hellenistic World* (Oxford 1941), passim (Register); Roger S. Bagnall, *The Administration of the Ptolemaic Possessions outside Egypt* (Leiden 1976), 224ff.

[15] '오이코스'가 '폴리스'의 메타포로 사용된 것에 대해서는 다음을 보라. Peter Spahn, "Oikos und Polis. Beobachtungen zum Prozeß der Polisbildung bei Hesiod, Solon und Aischylos", *Hist. Zs.* 231 (1980), 555ff.; 기원전 4세기 이후 폴리스에 나타난 디오이케시스에 대한 증거로는 다음을 참조하라. Georg Busolt, *Griechische Staatskunde*, Bd. 1(München 1920), 484, 주 1번 이하.

[16] Deinarch 1, 97; "폴리스의 관리에서 불필요하지 않을έν δὲ ταῖς κατὰ τὴν πόλιν οἰκονομίαις (복수형) ἀχρηστον."

[17] Philodemos, Volumina Rhetorica 2, 32; (Pseudo-) Aristoteles, Oik. 1345 n, 13ff.

[18] z. B. Epikur, Ep. 1, Epicurea, ed. Hermann Usener(Leipzig 1887), 29.

[19] Polybios 1, 4, 3: "사건은 전반적으로 정렬되고 통합되었다τὴν δὲ καθόλου καὶ συλλήβδην οἰκονομίσν τῶν γεγονότων.". Ebd. 6, 9, 10: "φύσεως οἰκονομία."

[20] 예컨대 Diodor 5, 1: "τῆς κατὰ μέρος οἰκονομίας"

[21] 이에 대해서는 Ulrich Dierse, Art. Ökonomie, *Hist. Wb. d. Philos.*, Bd. 6 (1984), 1153ff.

[22] Vgl. TLL Bd. 9/2 (1968/81), 476, s. v. oeconomia.

[23] Ebd.

[24] Hermann Strasburger, "Zum antiken Gesellschaftsideal", *Abh. d. Heidelberger Akad. d. Wiss., Phil.-hist. Kl.* (1976), 4. Abh., 23.

[25] Moses, I. Finley, *Die Welt des Odysseus* (1954), dt. Ausg. (1968; München 1979),

passim.

[26] Hesiod, Erga 405; Aristoteles, Pol. 1252b 11; 인용문의 출처는 다음과 같다.
Hesiod, Erga 602, 394f, 341, 618ff, 646, 647, 44f.

[27] Alkaios 101 D

[28] Solon 1, 8ff.; 3, 5ff.; 23, 13ff. D.

[29] Ebd. 1, 71 D; Aristoteles, Pol. 1256b 33f.

[30] Solon, 1, 9, 1, 74D.

[31] Aristoteles, Pol. 1256a 1ff.

[32] 가장 오래된 증거로는 다음을 보라. Homer, Epigrammata 14, 5(아마 기원전 6세기); 그 다음에는 헤로도토스 저작에 나온다. Herodot, 1, 153; 2, 35, 39; 7, 23.

[33] Roland Martin, *Recherches sur l'agora grecque. Études d'histoire et d'architecture urbaines* (Paris 1951) 283ff.

[34] Herodot 1, 153, 1.

[35] Ebd. 1, 153, 2.

[36] Thukydides, 2. 14.

[37] Vgl. Aristoteles, Ath. Pol. 24.

[38] 특히 다음을 보라. Aristophanes, Die Acharner (425년 상연), ders., Die Ritter (424년 상연)

[39] Ders., Die Ritter 190ff. 217ff.

[40] Plutarch, Perikles 16. 4.

[41] Ders., Kimon 10.

[42] Ders., Perikles 16. 5.

[43] (Pseudo-) Aristoteles, Oik. 1344 b, 33ff; "아티카의 살림살이는 유용했다. 왜냐하면 (물건을) 판 사람들은 (다른 물건을) 샀기 때문이다. 그리고 더 작은 규모의 살림살이에서 돈을 모아두는 것은 없었다καὶ ἡ Ἀττικὴ δὲ οἰκονομία χρήσιμος· ἀποδιδόμενοι γὰρ ὠνοῦντοι, καὶ ἡ τοῦ ταμιείου Θέσις οὐκ

ἔστιν ἐν ταῖς μικροτέραις οἰκονομίαις."

44 Plutarch, Perikles 16. 5f.; vgl., Thukydides, 1. 10. 22 u. ö.; Hippokrates, Vet. med. 12; Hippokrates, Epidemiai 1, 24.

45 Plutarch, Perikles 16. 6.

46 Platon, Protagoras 318e.

47 Thukydides, 2. 40.

48 남은 것이 적지만 이에 대해서는 다음을 참조하라. Vgl. Anm. 46, 47. Antiphon, Fragm, 87B, 53, 54, Fragmente der Vorsokratiker (1903), hg. v. Herman Diels u. Walter Kranz, 12. Aufl. Bd. 2(Dublin, Zürich 1966), 361; Demokrit, Fragm. 68B, 218ff. 279ff., ebd., 189f, 203ff.; Anonymus Lamblichi, Fragm, 89, 3, 4, 7, 위의 책, 401ff.; Aristophanes, Nubes 426, 834ff; Aristophanes, Ranae 971ff. 소크라테스와 그의 제자들이 살림살이를 다룬 것에 대해서는 다음을 보라. Klaus Meyer, Xenophons 'Oikonomikos.' Übersetzung und Kommentar (Marburg 1975), 91f.

49 Platon, Apologie des Sokrates 36b; ders., Pol. 357c; ders., Nom. 746d.

50 Ders., Pol. 372 c‒d; vgl., (Pseudo) Xenophon, Ath. Pol. 2, 7.

51 이에 대해 비판한 것은 Platon, Pol. 1264a 11f.

52 Platon, Nom. 920b.

53 Ebd. 920a.

54 Ebd. 847 b; 920c.

55 Ebd. 743c‒e.

56 Albert A. Trever, A History of Greek Economic Thought (Chicago 1916; Ndr. Philadelphia 1978), 22ff.

57 Manfred Riedel, Metaphysik und Metapolitik. Studien zu Aristoteles und zur politischen Sprache der neuzeitlichen Philosophie (Frankfurt 1975), 90ff.

58 Aristoteles, Pol. 1252a 7ff; 1261 a 16ff.

[59] Ebd. 1259b 1ff; ders., Nik. Ethik 1133a 33ff.

[60] Aristoteles, Pol. 1253b 10; 1259a 38.

[61] Ebd. 1253b 12f.

[62] Ebd. 1256a 3ff.

[63] Ebd, 1258b 1ff; 상인과 수공업자가 정치적인 영역에서 실제로 받은 차별에 대해서는 다음을 참조하라. vgl. das ebd. 1278a 25. 인용은 테베의 법률.

[64] Ebd. 1257a 33ff; 1257b 2.

[65] 아리스토텔레스는 이 개념을 경험적 차원에 적용할 때는 긍정적인 의미로 사용했다. Ebd. 1258b 20f.

[66] Ebd. 1257b 32ff.

[67] Ebd. 1259b 34ff.

[68] Vgl. M. I. Finley, "Aristotle and Economic Anaylsis", *Past and Present* 47 (1970), 3ff; 이에 반대하는 것으로는 Scott Meikle, "Aristotle and the Political Economy of the Polis", *Journal of Hellenic Studies* 99 (1979), 57ff.

[69] Aristotels, Nik. Ethik 1132a 23ff.

[70] Ebd. 1133b 19ff.

[71] Marx, *Das Kapital. Kritik der politischen Ökonomie*, Bd. 1(1867), MEW Bd. 23(1962), 74.

[72] Aristotels, Nik. Ethik 1133a 33ff.

[73] Xenephon, Oikonomikos 6, 4.

[74] Ebd. 6, 8ff.

[75] Ebd. 20, 27ff.

[76] Cato, De agricultura, Praefatio.

[77] Cicero, De officiis 1, 150: "상인에게 산 것을 즉시 도로 파는 자는 부도덕한 것으로 여겨져야 한다. 이들이 이익을 취하는 것은 크게 거짓말을 하지 않으면 불가능하기 때문이다Sordidi etiam putandi, qui mercantur a mercantoribus, quod

statim vendant; nihil enim proficiant, nisi admodum mentiantur."

[78] Terenz, Eunuchen 257: "생선장수, 푸주한, 요리사, 닭장수, 어부cetarii, lanii, coqui, fartores, piscatores." 이들 아고라 사람은 어부를 제외하면 아리스토파네스에 의해 알려졌다.

[79] Cicero, De officiis 1, 151: "상업의 규모가 작으면 부도덕한 것으로 여겨져야 한다. 그러나 상업의 규모가 크고 풍요하여 도처에서 많은 것을 가져오며 많은 것이 사치스러운 것들이 아니라면 크게 비방해서는 안 된다. ······ 그러나 수익을 얻을 수 있는 모든 직업 가운데 농업보다 더 낫고, 이보다 더 이익이 남거나 더 즐겁거나 자유인에게 더 어울리는 것은 없다Mercatura autem, si tenuis est, sordida putanda est; sin magna et copiosa, multa undique apportans multisque sine vanitate inpertiens, non est admodum vituperanda ······ Omnium autem rerum, ex quibus aliquid adquiritur, nihil est agri cultura melius, nihil uberius, nihil dulcius, nihil homine libero dignius."

[80] Vgl. M. I. Finley, *Die antike Wirtschaft* (München 1977), 40.

[81] Otto Brunner, "Das 'ganze Haus' und die alteuropäische 'Ökonomik'", (1958), in: Otto Brunner, *Neue Wege der Verfassungs- and Sozialgeschichte* (1956), 2. Aufl. (Göttingen 1968). 107

[82] Ebd., 127. 중세 집에 대한 관념의 역사에 대해서는 다음을 보라. Sabine Krüger, "Zum Verständis der Oeconomica Konrads von Megenberg. Griechische Ursprünge der spätmittelalterichen Lehre vom Hause", *Dt. Arch. f. Erforchung des Mittelalters* 20 (1964), 475ff. Günther Bien, Art. Haus 1, *Hist. Wb. d. Philos.*, Bd. 3 (1974), 1007ff.

[83] Brunner, "Das 'ganze Haus'", 114f.

[84] → Klasse, Bd. 6, 156ff.

[85] Brunner, "Das 'ganze Haus'", 112; vgl. ebd., 114. '집'과 '우주'의 관계에 대한 각각(아우구스티누스, 콘라트 폰 메겐베르크)의 내용에 대해서는 이 글 3장 b절을

참조하라.

86 이에 대해서는 주 92, 152 그리고 162에 인용된 정의와 이미 어원상으로 분명한 차이, 곧 그리스어 δέμω('짓다')에서 파생하고 라틴어의 'domus(집)', 이탈리아와 에스파냐어인 'casa(집)', 독일어와 영어의 'Haus(집)'(피부Haut와 어원이 같다)과 같이 건물, 곧 집의 외형에 관련된 도무스δόμος와 '가사' '가족'과 같은 또 다른 의미를 지닌 그리스어 오이코스οἶκος 사이의 차이를 보라. Krüger, *Oeconomica*, 482ff. 주 18번을 참조하라. 왕국과 관련된 개념인 capella(강당)도 '집'이라는 개념과 마찬가지로 중세 초기에 구조화되었다. capella는 '성궤를 갖춘 궁전의 미사도구이었을 뿐만 아니라' '왕궁의 기도실'이기도 했으며 궁전에서 일하는 모든 성직자들 전체, 곧 '왕의 가솔'로 있는 예배실 직원들, 인적인 의미에서 '궁전성직단원'을 의미했다. Josef Fleckenstein, *die Hofkapelle deutschen Könige, Bd. 1: Grundlegung. Die karolingische Hofkapelle, Schr. d. MG*, Bd. 161/1 (Stuttgart 1959), 23, 35. '총체적 가정'을 연구 개념으로 사용한 것에 대해서는 Brunner, "Das 'ganze Haus'", 104f. '총체적 가정'이 원문으로 나오는 사례('tota domus,' 'universa domus,' 'totum palatium')에 대해서는 아래 인용한 키케로(주 92번), 히에로니무스(주 112번)의 텍스트 및 9세기(주 114번) 및 13세기(주 110번)의 텍스트를 참조하라.

87 이에 대해서는 주 92번에서 인용한 텍스트 그리고 1170년 무렵에 작성된 벨프가문 연대기*Historia Welforum*를 보라. 후자에는 '저택domus'에 대한 설명이 있는데, 이에 따르면 '확고한 거주지certa habitatio'를 중심으로 가솔과 가사를 포함한다. Erich König, *Schwäbische Chroniken der Stauferzeit*, Bd. 1 (Sigmaringen 1978), 2ff. 광의의 의미에서 가정에서 확고한 거주지가 차지하는 중요성에 대해서는 다음을 보라. O. Brunner, *Land und Herrschaft. Grundfragen der territorialen Verfassungsgeschichte Österreichs im Mittelalter* (1939), 5. Aufl. (Wien 1965; Ndr. Darmstadt 1973), 254ff

88 → Familie, Bd. 2, 254ff.; Karl Kroeschell, "Art. Familie", *Hwb. z. dt. Rechtsgesch.*,

Bd. 1 (1964), 1066ff.

[89] 토스카나 여백작Markgräfen von Tuszien(마틸데)의 지배권과 소유권 전체는 12
세기에 마틸데의 가정domus Mehtildis으로 표기되었다. Ottonis et Rahewini
gesta Friderici I. imperatoris 4, 13 (12. Jr.), MG SS rer. Germ. i. u. sch. (1884),
3. Aufl. (1912), 248. 그에 대한 권한을 갖고 있던 벨프 6세 공작Herzog Welf VI
는 1153년에 마틸데 여백작을 전체 가정의 가주dominus totius domus comitisse
Mathildis라고 표시했다. Karin Feldmann, Herzog Welf VI. und sein Sohn (phil.
Diss., Tübungen 1971), Regesten Nr. 55, 63, 100, 102.

[90] 귀족 가정의 요소로서 가문, 곧 성姓에 대해서는 위의 주 87에 나오는 '볼프
가문 연대기Historia Welforum'를 참조하라. '성姓'의 의미에서 '가정domus'이
라는 단어를 사용한 사례에 대해서는, 제국 가정domus imperialis이라는 단어
가 카롤링거왕조, 오토왕조, 잘리어왕조Salier, 호엔슈타우펜가家 프리드리히
1세의 '거대한 가문의 통합체'를 표시했다는 점을 참조하라. Heinrich Appelt,
Das Kaiseridee Friedrich Barbarossas (Wien 1967), 18f. 귀족과 왕의 성姓을 그림으
로 표현하기 위해 12세기에는 집의 형상도까지 사용했다. Otto Gerhard Oexle,
"Welfische und staufische Hausüberlierferung in der Handschrift Fulda D 11 aus
Weingarten", in *Von der Klosterbibliothek zur Landesbibliothek*, hg. von. Artur
Brall (Stuttgart 1978), 225f. 오토 폰 프라이징Otto von Freising은 호엔슈타우펜
가문과 벨프 가문의 성姓을 표시하기 위해서 '가족familia'과 '집paries'이라는
단어들을 ('가정domus'이라는 전체를 대신하는 부분pars pro toto으로서) 다음에
서 사용했다. Gesta Friderici I. imperatoris 2, 2 (p. 103). RWB Bd. 5(1953), 378
에 있는 항목 Haus도 보라. Karl Schmid, "Zur Problematik von Familie, Sippe
und Geschlecht, Haus und Dynastie beim mittelalterlichen Adel", *Zs. f. d. Gesch.
d. Oberrheins* 105 (1957), 1ff. 다음에서는 '집'과 '성姓'을 '근본적으로' 구분할
것을 주장하지만, 이것은 단지 연구를 위해서만 그 의미가 가능하다. Michael
Mitterauer/Reinhard Sieder, *Vom Patriarchat zur Partnerschaft* (München 1977),

24f. 이 개념 사전의 항목 민족Volk와 국민Nation에 대해서도 보라.

[91] 이에 대해 기본적인 사항을 다음을 참조하라. Pierre Michaud-Quantin, *Universitas, Expressions du mouvement communautaire dans le moyen-âge latin* (Paris 1970).

[92] Isidor von Sevilla, Etym. 1, 9, 4, 3f.: Walahfrid Strabo, Liber de exordiis et incrementis 6 (9. Jh.), ed. Alois Knoepfler (1890) 2 Aufl. (München 1899), 15; '가정'과 '성姓' 사이의 관계에 대해서는 이미 다음에서 논의되었다. Cicero, De officiis, 1, 17, 53ff: ders., De finibus 5, 65: "총체적 가정이란 결혼과 자식이 합쳐 이루어진다tota domus coniugio et stirpe coniungitur."

[93] Vgl. die Missi cujusdam admonitio (801/812), MG Capitularia, Bd. 1 (1883), p. 240. Nr. 121.

[94] 다음을 보라. K. Kroeschell, *Haus und Herrschaft im frühen deutschen Recht* (Göttingen 1968), 28ff.

[95] Rudolf Schützeichel, *Althochdeutsches Wörterbuch* (1969), 3. Aufl. (Tübungen 1981), 85. s.v. hiwisca, *Althochdeutsches Glossenwörterbuch*, hg. v. Taylor Starck u. J. C. Wells, 4. Lfg. (Heidelberg 1978), 279ff., s.v. hiwen, hiwisca.

[96] Finley, *Wirtschaft* (s. Anm. 80), 7ff.

[97] Kroeschell, *Haus und Herrschaft*, 32f.

[98] 정신적이며 종교적인 '가족familiae'의 명칭에 대해서는 ebd., 35f; 다음 글에서는 궁정의 기본 지배권의 예속자를 우리 가족familia nostra이라고 표시했다. das Capitulare de villis Karls des Großen (um 800), MG Capitularia, Bd. 1, 83ff, Nr. 32.

[99] Schützeichel, *Althochdeutsches Wörterbuch*, 89, s. v. hūs.

[100] Starck/Wells, *Althochdeutsches Glossenwörterbuch*, 4. Lfg., 295f,. s.v. hūs–hūswurze.

[101] 다음에 여러 증거가 있다. *Lexer* Bd. 1 (1872: Ndr. 1974), 1399ff: s.v. hū: *RWB*

Bd. 5, 369ff., s. v. Haus.

[102] *Lexer* Bd. 1, 1402, s. v. hūsēre: *RWB* Bd. 5, 389ff, s. v. Hausehre.

[103] *Lexer* Bd. 1, 1407, s. v. hūsvride: *RWB* Bd. 5, 400f., s. v. Hausfriede. Vgl. O. Brunner, *Land und Herrschaft* (s. Anm. 87). 256f.; Das Ennser Stadtrecht (1212), K. Kroeschell, Art. Hausfrieden, *Hwb. z. dt. Rechtgesch.*, Bd. 1, 2033. 다음의 규정이 있다. "모든 시민에게 있어서 자신의 집은 보호를 위한 것이 다Unicuique civium domus sua sit pro munitione." Pax Dei incerta (11. Jh.), MG Const., Bd. 1 (1893), 608, Nr. 426: "모든 집과 모든 땅은 둘러싸인 상태로 견고한 평화를 가져야 한다omnis domus, omnis area pacem infra septa sua habeat firmam."

[104] *Lexer* Bd. 1, 1402ff., s. v. hūsgenōz: *RWB* Bd. 5, 404ff., s. v. Hausgenosse.

[105] Vgl. bei Anm. 123. 130; Quintilian, Inst. or. 3,3,9: "오이코노미아는 …… 그리스어로서 가사를 관리한다는 뜻이며, 수사학에서 비유적으로 사용된 것으로 이에 대응하는 라틴어는 없다Oeconomiae …… quae Graece appellata ex cura rerum domesticarum et hic per abusionem posita nomine Latino caret."

[106] Gregor von Tours, Decem libri historiarum 10, 29 (6. Jh.), MG SS rer. Meroving., Bd. 1 (1884), 2. Aufl. (1937/51), 523.

[107] 주 136, 137, 138, 149번 앞에 나오는 증거들을 참조하라. 중세 절정기(?)의 문헌 'Epistola Bernhardi de cura rei familiaris'에 대해서는 다음을 보라. Krüger, "Oeconomica"(s. Anm. 82), 476, mit Anm. 5: 514.

[108] 주 136, 137번 앞에 나오는 증거들과 145번에 나오는 증거들을 보라.

[109] Vgl. Anm. 158ff. 콘라드 폰 메겐베르크의 '살림학'에 대해서는 주 150번, 157번 그리고 크뤼거Krüger가 책을 편집할 때 쓴 개요(주 158번)를 더 참조하라. 형용사가 명사로 전환한 것에 대한 설명은 토마스 아퀴나스의 텍스트에서 찾을 수 있다. Thomas von Aquin, Sententia libri ethicorum 1, 1 (1266/69), Opera, t. 47/1 (1969), 4, 6. Vgl. FEW Bd. 7 (1955), 328, s. v. oeconomus.

[110] Vinzenz von Beauvais, Speculum quadruplex sive speculum maius. Speculum doctrinale 6, 1 (um 1250; Douai 1624; Ndr. Graz 1965), 481.

[111] Krüger, "Oeconomica", 543.

[112] Hieronymus, Ep. 121 (4/5 Jh.), Migne, Patr. Lat. Bd. 22 (1845), 1018.

[113] Codex Theodosianus 9, 45, 3 (398), hg. v. Theodor Mommsen (1887), 3. Aufl., Bd. 1/2 (Berlin 1962), 519: "그러나 그들이 살림꾼이라고 부르는 사람들, 곧 항상 교회의 회계를 관리하던 사람들Sed etiam hi, quos oeconomos vocant, hoc est qui ecclesiasticas consuerunt tractare rationes." 교회 재산의 관리자로서 그리고 빈민을 위한 분배자dispensator pauperum로서 살림꾼에 대해서는 다음도 참조하라. Corpus iuris civilis, t. 2: Codex Iustinianus 1, 3, 41; 1, 3, 32 (530/32; 1892), 25f, 23. 나중에 나오는 증거로는 다음에 보인다. Jan F. Niermeyer, *Mediae latinitatis lexicon minus* (Leiden 1976), 365. s. v. oeconomus. Krüger, "Oeconomica", 545f., mit Anm. 161.

[114] Radbert, Epitaphium Arsenii 6 (9. Jh.) ed. Ernst Dümmler, *Abh. d. königl. Akad. d. Wiss. Berlin* (1900), 29. 이에 대해서는 Lorenz Weinrich, *Wala. Graf. Mönch und Rebell* (Lübeck, Hamburg 1963), 19.

[115] Ruotger, *Lebensbeschreibung des Erzbischofs Bruno von Köln 46. MG SS rer. Germ., nova ser.*, Bd. 10 (1951), 49f.

[116] 이에 대해서는 Krüger, "Oeconomica", 545; Hans Erich Feine, *Kirchliche Rechtsgeschichte. Die katholische Kirche* (1950), 4. Aufl. (Köln, Graz 1964), 333f.; 비잔틴 교회와 신학적 배경에 대한 언급에 대해서는 다음을 보라. Hans Georg Beck, *Kirche und theologische Literatur im byzantinischen Reich* (München 1959), 77.

[117] Krüger, "Oeconomica", 544f.; '가장'과 '가주'의 개념에 대한 루터의 언급에 대해서는 아래 주 199번을 보라. 또 다른 증거에 대해서는 *RWB* Bd. 5, 527f. s.v. Hausvater.

[118] O. Brunner, Adeliges Landleben und europäischer Geist. Leben und Werk Wolf Helmhards von Hohberg 1612−1688 (Salzburg 1949), 242f.

[119] Schützeichel, Althochdeutsches Wörterbuch (Anm. 95), 237, s.v. wirt.

[120] Lexer Bd. 3 (1878: Ndr. 1974), 932f., s. v. wirt: ebd., 1407. s. v. hūswirt. RWB Bd. 5, 481ff., s.v. Hauswir.

[121] Lexer Bd. 1, 1291, s. v. himelwirt: ebd., 1329, s.v. hellewirt.

[122] Ebd., 934, s. v. wirtschaft: Schützeichel, Althochdeutsches Wörterbuch, 238, s. v. wirtschaft.

[123] 1. Kor. 9, 17; Eph. 3,2; Kol. 1, 25; 사도 바울은 자신을 하느님 비밀의 관리 자οικονομος(dispensator)라고 규정했다. 1. Kor. 41f; vgl., Mt. 13, 52; Tit. 1, 7. 그는 또한 주교episcopus를 신의 관리자dispensator Dei로 묘사하기도 했다. 1. Petr. 4, 10.

[124] 이에 대해서는 다음을 보라. Edwin A. Judge, Christliche Gruppen in nichtchristlicher Gesellschaft. Die Sozialstruktur christlicher Gruppen im ersten Jahrhundert (Wuppertal 1964), 35ff; Hans Josef Klauck, Hausgemeinde und Hauskirche im frühen Christentum (Stuttgart 1981), 67 (인용).

[125] Klaus Thraede, Zum historischen Hintergrund der 'Haustafeln' des Neuen Testaments, Fschr. Bernhard Kötting (Münster/Westf. 1980), 359ff; Leonhard Goppelt, Der erste Petrusbrief (Göttingen 1978), 163ff.; (루터) 개념의 기원에 대해서는 vgl. Anm. 202.

[126] 주교episcopus에게 필요한 능력으로 자기 집domui suae을 이끄는 것을 꼽는 내용도 참조하라. 1. Tim. 3, 4.; 고대에서와 마찬가지로 여기에서도 가정 통치의 능력을 공직의 전제조건으로 보았다.

[127] Aristoteles, Pol. 1259 a−b; → Stand, Klasse, Bd. 6, 171ff.

[128] → Arbeit, Bd. 1, 158ff; → Stand, Klasse, Bd. 6, 169ff, 174ff.

[129] Vgl. 1. Kor. 7, 22; Gal. 3, 28. 근본적으로는 다음도 보라. 1. Kor. 1, 26ff. →

Stand, Klasse, Bd. 6, 171ff.

[130] 이에 대한 많은 증거들로는 다음을 보라. Dierse, Art. Ökonomie, (s. Anm. 21), 1153ff.

[131] Joseph Ratzinger, *Volk und Haus Gottes in Augustins Lehre von der Kirche* (München 1954).

[132] Augustinus, De civitate Dei 19, 7. CSEL Bd. 40/2 (1900), 383. Ratzinger, *Volk*, 239ff. '집'이라는 관점에서 도성과 공화국을 동일하게 보는 것에 대해서는 다음을 보라. Aristoteles, Pol. 1253b; 1289b; Cicero, De officiis 1, (17), 53f.; "그런데 인간이 가지는 유대감의 단계는 아주 많다. …… 가장 가까운 것은 남편과 부인 사이의 것이고 그 다음에는 부모와 자식 간의 것이며, 그 다음이 되는 관계는 모두가 하나가 된 집에서 확인할 수 있다. 그리고 바로 이것이 시민통치의 토대이며 문자 그대로 국가의 요람이다Gradus autem plures sunt societatis hominum …… prima societas in ipso coniugio est, proxima in liberis, deinde una domus, communia omnia; id autm est principium urbis et quasi seminarium rei publicae." Vgl. Ambrosius, De officiis ministrorum 1, 32. Migne, Patr. Lat., Bd. 16 (1880), 78.

[133] Augustinus, De civitate Dei 19, 14. 16f (397ff. 399).

[134] Ebd., 19, 14 (p. 399); 19, 16 (p. 401f.); 19, 17 (p. 402); vgl. ders., De moribus ecclesiae catholicae 1, 30. Migne. Patr. Lati. Bd. 32 (1845), 1336f.

[135] Krüger, "Oeconomica" (s. Anm. 82), 494.

[136] Boethius, In Porphyrium dialogi 1, Migne, Patr. Lati., Bd. 64 (1847), 11f.; Cassiodor, De artibus 3. Ebd., Bd. 70 (1865), 1167ff., Isidor von Sevilla, Etym, 2, 24, 11. 16.

[137] Hugo von St. Victor, Didascalion 2, 20 (12. Jh.), Migne, Patr. Lati., Bd. 176 (1854), 759f.

[138] Dominicus Gundissalinus, De divisione philosophiae (um 1150), hg. v. Ludwig

Baur, *Beitrag zur Geschichte der Philosophie des Mittelalters*, Bd. 4 (Münster 1903), H. 2/3, 16.

[139] Thomas von Aquin, Sententia libri ethicorum 1,1 (s. Anm. 109), 4. 6.

[140] 13세기 초반에는 대학에서 키케로의 《의무론》을 토대로 '살림학'(윤리의 일부로)이 다루어졌다. Krüger, "Oeconomica" (s. Anm. 82), 477, 502ff, 548.

[141] Ebd., 545ff. 여기에는 1250/60년에 에스파냐 주교인 페드로 갈레고Pedro Gallego가 번역한 안테세Antecer*의 살림학과 1300년경 의사인 아르멘하우두스 브라지이Armengaudus Blazii**가 번역한 이른바 《갈리에니 살림학 *Yconomica Galieni*》에 대한 언급이 있다. 후자는 신피타고라스 학파인 브리손 Bryson의 《살림학*Oikonomikos*》에 관한 것이다. Krüger, "Oeconomica", 492ff.

[142] Ebd., 478.

[143] Wilhelm von Moerbeke, Aristotelis politicorum libri octo (um 1268), ed. Franz Susemihl (Leipzig 1872). 《정치학》의 더 오래된(1260/64) 부분 번역은 다음을 보라. P. Michaud-Quantin, ed., Politik (Bruges, Paris 1961) Bücher 1 bis 2, 11.

[144] Aristoteles, Oeconomica, ed. F. Susemihl (Leipzig 1887); ders., Économique, éd. by Bernhard Abraham van Groningen et André Wartelle (Paris 1968). 아리스토 텔레스가 쓴 것으로 추정되는 이 세 권의 책 가운데 세 번째 것은 중세 후반에 라틴어 번역으로 두 종이 나왔다. Susemihl, ed., 40ff.; éd. van Groningen/ Wartelle, 36ff.; vgl. ebd., XVIIIff. [Aristotels], OIKOMOMIKOΣ. *Das erste Buch der Ökonomik–Handschriften. Text, Übersetzung und Kommentar–und seine Beziehungen zur Ökonomikliteratur*, hg. v. Ulrich Victor (Königstein/Ts. 1983).

[145] Vinzenz von Beauvais, Speculum doctrinale, 4ff. (s. Anm.110), 302ff.: *De scientia*

---

* [옮긴이] 안테네는 페드로 갈레고의 저서에 나오는 것으로 원래 아랍 명칭이었는데 이를 잘못 옮기면서 오히려 원래의 뜻을 이제 더 알 수 없게 되었다.
** [옮긴이] 몽펠리에에 살았던 의사로서 이름의 표기법이 아주 다양하다.

morali; 481ff.: *De arte oeconomica*; 555ff.: *De scientia politica*.

146 Wilhelm Berges, *Die Fürstenspiegel des hohen und späten Mittelalters* (1938: Ndr. Stuttgart 1952), 185ff, 303ff. 이 책 307쪽에는 뱅상 드 보베의 2장 13절(*Qualiter temporalia sunt dispensanda*)과 2장 14절(*Qualiter princeps familiam tractet*)에 대한 언급이 나온다.

147 König Alfons X. von Kastilien, Siete partidas 2, 6ff (1263), ed. by Real Academia de la historia, t. 2 (Madrid 1807), 41ff. 이 왕과 그의 왕비, 그 자식들, 그리고 그 친척들 사이의 상호관계에 대해서는 위의 책 2, 9(p. 56)를 보라. "왕은 그 관리들과 그 집과 궁정의 구성원들과 어떤 관계를 맺어야 하는가quál debe el rey seer á sus oficiales, et á los de su casa et de su corte, et ellos á él."

148 Aegidius Romanus, De regimine principum libri tres (1277/79, Ausg. Rom 1607: Ndr. Aalen 1967). 이에 대해서는 Berges, *Die Fürstenspiegel*, 211. 이것이 널리 퍼지게 것에 대해서는 그 책 320쪽을 참조하라. Adolar Zumkeller, *Manuskripte von Werken der Autoren des Augustiner-Eremitenordens in mitteleuropäischen Bibliotheken* (Würzburg 1966), 36ff, 561f.

149 Aegidius Romanus, De Regimine Principum 1, 2; 1, 4; 4, 1.

150 Vgl. ders., De regimine principum. Eine mittelniederdeutsche Version, hg. v. Axel Mante (Lund 1929). 이 텍스트는 요한 폰 브라켈Johann von Brakel(14세기 후반)의 작품에서 나왔다. 그는 집의 사회 혹은 공동체*geselscap eder menscap* (*gemenscap*) *des huses*에 관해 말했다. ebd. 2, 2 (p.66). 집husere, '살림. '가계'에 대해서는 ebd., 65. 14세기 말 중세표준어 판본에 대해서는 ebd., XVff. 아울러 다음도 보라. *Das Puech von der Ordnung der Fürsten. A Critical Text-Edition of Book I of the Middle High German Version of the "De regimine principum,"* ed. James Vincent McMahon, (Ann Arbor/Michigan, London 1977), 53. "아리스토텔레스가 집안의 질서에 대한 저술한 이후에 에지디우스가 그것을 자기 책의 토대로 삼았다. 아리스토텔레스는 그것을 살림학이라고 불렀다*Dar nach hat*

Aristotiles gemacht puecher von ordnung des haus, da von Egidius genomen hat den grunt des andern puchks; und das selb puech Aristotilis haist Yconomica." 1282년 무렵에 나온 프랑스 편찬본인 Li Livres du gouvernement des roi, ed. Samuel Paul Molenaer (1899; Ndr. New York 1966), 145. "어떻게 왕과 군주들이 여성과 아이들 그리고 집안사람들을 다스려야만 하는지*comment les rois et les princes doivent gouvernier lor femmes et lor enfanz et lor mesnies.*"

[151] Aegidius Romanus, De regimine principum 2, 1, 2 (s. Anm. 148), 219f.; ebd. (p. 225)

[152] Ebd. 2, 1, 3 (p. 221f.).

[153] Ebd. 2, 1, 3 (p. 233ff), 이는 아리스토텔레스의《정치학》, 1253b에 나오는 대목에 따른 것이다.

[154] Aegidius Romanus, De regimine principum 2, 3, 1ff. (p. 348ff).

[155] Ebd. 2, 3, 9ff. (p. 377, 368ff.).

[156] Dietrich Briesemeister, Art. Aristoteles, C: *Übersetzungen, Rezeption in den volkssprachlichen Literaturen, Lexikon des Mittelalters,* Bd. 1 (München, Zürich 1980), 944. Thomas Renna, "Aristotle and the French Monarchy 1260–1303", *Viator* 9 (1978), 309ff.

[157] 두 번역본은 1489년에야 비로소 인쇄되었다. Nicole Oresme, Le livre de politiques d'Aristote (1370/77), éd. Albert Douglas Menut, *Transactions of the American Philosophical Society,* New Ser. 60/6; vgl. A. D. Menut, "A Provisional Bibliography of Oresmes Writings", *Mediaeval Studies,* 38 (1966), 279ff.

[158] Konrad von Megenberg, Ökonomik/Yconomica (um 1350), *MG Staatsschr. d. späteren Mittelalters,* Bd. 3/5, mit 3 Teilbänden (1973/84).

[159] Krüger, "Oeconomic", (s. Anm), 476.

[160] Konrad von Megenberg, Ökonomik/Yconomica, Bd. 3/5, Tl, 1, XXIf., 크뤼거S. Krüger의 서문을 참조하라.

[161] Ebd. 1, 1, 1 (p. 23f.).

[162] Ebd. 1, 1, 2 (p. 24f.).

[163] 목차와 헌사에서 저작 전체를 개괄하고자 한다면 ebd. 3ff, 13ff.

[164] Ebd. 1,1,4 (p. 29)

[165] 여기에서는 교육 문제만이 아니라 영아의 올바른 양육도 논의되었다. 교육
학은 신분에 따라 분리되어 있다. Ebd. 1, 2, 19 (p. 96): iuvenes militares; ebd.
1, 2, 19 (p. 98): iuvenes pauperum militum; ebd. 1, 2, 21 (p. 101): iuvenes
mercatorum, etc.

[166] Ebd. 1, 3, 1 (p. 121).

[167] Ebd. XXXI, 크뤼거S. Krüger의 서문.

[168] Ebd. Bd. 3/5, Tl. 3, 1ff. (목차)

[169] Ebd. 3. 1, 3 (p. 19): "이제 학생들을 위한 네 형태의 집이 있는데 그것은 예
술가, 의사, 법률가, 신학자를 위한 학교이다Scolasticarum autem domorum
quatuor sunt genera, quia sunt scole artistarum, medicorum, iuristarum et
theologorum."

[170] Ebd. 3. 1, 7 (p. 34).

[171] Ebd. 3. 2. 1 (p. 209); ebd. 3. 3, 14 (p. 391f.).

[172] Ebd. Bd. 3/5, Tl, 1, XXXVIII; Bd. 3/5. Tl. 3. IX. 크뤼거의 서문.

[173] Ebd. 2, 2, 8. Bd. 3/5, Tl. 2, 57: Krüger, Oeconomica (s. Anm. 82), 513ff.

[174] Konrad von Megenberg, Ökonomik/Yconomica, 3, 3, 1, Bd. 3/5, Tl. 3, 355;
ebd. 1, 1, 3. Bd. 3/5, Tl. 1, 27ff.

[175] Paul Oskar Kristelller, *Renaissance Thought and its Sources* (New York 1979), 32ff.;
Eugenio Garin, *Il ritorno dei filosofi antichi* (Neapel 1983); Charles B. Schmitt,
Aristotle and the Renaissance (Cambridge/Mass., London 1983).

[176] Hans Baron, "The Genesis of Bruni's Annotated Latin Version of the (Pseudo-)
Aristotelian Economics (1420/21)" in: ders., *Humanistic and Political Literature in*

Florence and Venice at the Beginning of the Quattrocento (Cambridge/Mass. 1955), 166ff.

[177] Leon Battista Alberti, I libri della famiglia (1443), *Opere volgari*, ed. Cecil Grayson, t. 1 (Bari 1960), 3ff. 이에 대해서는 Daniele Bonamore, *Prolegomeni alls economia politica nella lingua italiana del Quattrocento* (Bologna 1974), 31ff; Giovanni Ponte, *Leon Battista Alberti. Umanista e scrittore* (Genua 1981), 60ff. 독일어 번역본은 L. B. Alberti, *Über das Hauswesen*, dt. von Walther Kraus (Zürich, Stuttgart 1962).

[178] Vgl. Vittorio Lugli, *I trattatisti della famiglia nel Quattrocento* (Bologna, Modena 1909). 사회적 맥락에 대해서는 Ernesto Sestan, "La famiglia nella società del Quattrocento", in: *Convegno internazionale indetto nel V centenario di Leon Battista Alberti*, ed. Accademia nazionale dei Lincei, anno 371 (Rom 1974), H. 209, 239ff.

[179] 그는 자식교육의 기본 지침이 제3권의 주제(masserizia)에 속하지 않는다는 점을 명확하게 밝혀두었다. Alberti, Della famiglia, 187; ders., Über das Hauswesen, 241.

[180] Ders., Della famiglia, 186.

[181] Ebd., 185.

[182] Ebd., 165.

[183] Ebd., 156; ders., Über das Hauswesen, 199f.

[184] Ders., Über das Hauswesen, 239; Vgl. ders., Della famiglia, 186.

[185] Ders., Della famiglia, 176; ders., Über das Hauswesen, 226. 가사 관리의 네 가지 능력으로서 물건의 벌이와 유지, 정리, 사용방법에 대해서는 (Pseudo-) Aristoteles, Ökonomik, 1, 6, 1. Éd van Groningen/Wartelle (s. Anm. 144), 6.

[186] Alberti, Della famiglia, 168.

[187] Ebd., 163f. 16세기에 비로소 '살림살이(Ökonomie' 혹은 '살림살이적

ökonomisch'이라는 단어가 보편적으로 '검소한' '살림을 잘 꾸리는' 의미로 사용되었다. FEW Bd. 7, 327f., s.v. oeconomus; Grimm Bd. 7 (1889), Ndr. Bd. 13 (1984), 1268f., s. v. Ökonomie.

[188] Alberti, Della famiglia, 222f.; ders., Über das Hauswesen, 288f.

[189] Ders., Della famiglia, 246f, 250; ders., Über das Hauswesen, 320. 324.

[190] Ders., Della famiglia, 202. 200. 198ff.; ders., Über das Hauswesen, 260. 258. 256f.

[191] Ders., Della famiglia, 183, 185; ders., Über das Hauswesen, 235. 238.

[192] Thomas Morus, Utopia (1516), *The Complete Works*, ed. Edward Surtz and Jack H. Hexter, vol. 4 (New Haven, London 1965), 114, 134.

[193] Krüger, "Oeconomica" (s. Anm. 82번), 527ff.

[194] Le ménagier de Paris. Traité de morale et d'économie domestique (1393), éd. Société des bibliophiles français, 2 vols. (Paris 1846; Ndr. Genf 1965); Le menagier de Paris., éd Georgine E. Brereton et Janet M. Ferrier (Oxford 1981), 서문 XIff.; 이에 대해서는 무엇보다 다음을 참조하라. Margarete Zimmermann, *Vom Hausbuch zur Novelle* (Düsseldorf 1989), 33ff. 혼인과 가계에 대한 중세 말 가르침에 대해서는 다음을 보라. Michael Dallapiazza, *Minne, hūsēre und das ehlich leben. Zur Konstitution bürgerlicher Lebensmuster in spätmittelalterlichen und frühhumanistischen Didaktiken* (Frankfurt 1981).

[195] Dietrich Kolde von Münster, Christenspigel, 31ff. 40 (um 1470), hg, v. Clemens Drees (Werl/Westf. 1954), 236ff. 256ff. 이에 대해서는 Krüger, "Oeconomica", 530.

[196] 이 소책자는 작센의 요한 프리드리히 1세 대공의 부인인 대공비大公妃 지빌레Sibylle를 위해 저술되었다.

[197] Ebd., 532.

[198] Justus Menius, ······ Oeconomia Christiana/dat ys von Christliker hußholdinge

(1529), Krüger, "Oeconomica" (s. Anm. 82), 532에서 인용. 두 영역과 세 계층에 대한 이론에 대해서는 다음을 보라. Ulrich Duchrow, *Christenheit und Weltverantwortung* (Stuttgart 1970), 495ff. →Stand, Klasse, Bd. 6, 177ff.

[199] Luther, Vorrede zu Justus Menius, 'Oeconomia Christiana', WA Bd. 30/2 (1909), 63.

[200] Ders., Der 127. Psalm ausgelegt an die Christen zu Riga (1524), WA Bd. 15 (1899), 364. "집을 짓는다는 것은 단순히 나무와 바위로 벽과 지붕을 얹는다는 것만이 아니라 …… 집안에서 일어나는 모든 것을 뜻한다. 이것을 독일어로 '가계를 돌본다'라고 한다. 바로 아리스토텔레스가 《살림학》에서 썼던 것처럼, 가계에는 부인과 아이들, 하인과 하녀, 가축과 여물이 포함된다haus bawen heyst hie nicht alleyne holtz und steyne auff richten, …… sondern viel mehr alles, was ynn eyn haus gehoert, das wyr auf deutsch sagen 'haushallten', gleych wie Aristoteles schreybt 'Oeconomia,' das ist von haushallten, dazu weyb und kind, knecht und magd, vieh und futter gehoert." Ders., Genesisvorlesung (1535/45), WA Bd. 42 (1911), 354. →Familie, Bd. 2, 262.

[201] Ders., Der kleine Katechismus für die gemeine Pfarrherr und Prediger (1529), WA Bd. 30/1 (1910), 239ff.

[202] Ebd., 326. 397. '가정교훈표Haustafel'라는 개념의 설명에 대해서는 Krüger, "Oeconomica," (s. Anm. 82), 527ff. 534. 그리고 WA Bd. 30/1, 641에 있는 편집자 주석을 보라.

[203] →Stand, Klasse, Bd. 6, 201ff.

[204] Luther, Der kleiner Katechismus, 339, 402.

[205] Ders., Vom Abendmahl Christi, Bekenntnis (1528), WA Bd. (1909), 505.

[206] Aristoteles, Pol. 1256a; 1257a; 1256b; 1257b-1258b; 빌헬름 모외베케 Wilhelm von Moerbeke는 οικονομική과 χρηματιστική를 yconomica와 pecuniativa 또는 possessiva로 번역했다. Susemihl (s. Anm. 143), 그는 이재학

χρηματιστική(1566b)의 두 가지 형태를 campsoria와 yconomica로 구분했다.

[207] Brunner, Das 'ganze Haus' (s. Anm. 81), 105.

[208] 이에 대해서는 vgl. *The Fontana Economic History of Europe*, ed. Carlo M. Cipolla, vol. 1: *The Middle Ages* (London, Glasgow 1973); *Handbuch der europäischen Wirtschafts- und Sozialgeschichte*, hg. v. Hermann Kellenbenz, Bd. 2, hg. v. Jan A. van Houtte (Stuttgart 1980).

[209] Vgl. Benediktus-Rege, 33. 5 (6. Jh.), hg. v. Basilius Steidle (1970), 2. Aufl. (Beuron 1975), 123; ebd. 2f. 64. 72 (p. 63f. 173f. 185f.).

[210] Vgl. Wolfgang Ribbe, "Die Wirtschaftstätigkeit der Zisterzienser im Mittelalter: Agrarwirtschaft", *Die Zisterzienser. Ordensleben zwischen Ideal und Wirklichkeit*. hg. v. Kaspar Elm u. a. (Bonn 1980), 203ff. Winfried Schich, "Die Wirtschaftstätigkeit der Zisterzienser im Mittelalter: Handel und Gewerbe", ebd., 217ff.; Werner Rösener, "Zur Wirtschaftstätigkeit der Zisterzienser im Hochmittelalter", *Zs. f. Agrargesch. und Agrarsoziol.* 30(1982), 117ff.

[211] Rösener, Wirtschaftstätigkeit, 117. 전체적인 평가에 대해서는 다음을 참조하라. ebd., 137ff. 중세 상인의 직업관, 이윤 추구, 그리고 의무에 관련된 논의에 대해서는 다음을 보라. E. Maschke, "Das Berufsbewußtsein des mittelalterlichen Fernkaufmanns" (1964), in *Die Stadt des Mittelalters*, hg. v. Carl Haase, Bd. 3: Wirtschaft und Gesellschaft (Darmstadt 1973), 178f.

[212] Vgl. Abschn. III, 4. b.

[213] Gratian, Decretum, D. 88 c. 11. CIC t. 1 (1879; Ndr. 1955), 308. vgl. ebd. D. 88. c. 13 (p. 310). 그 이외의 것에 대해서는 다음을 보라. Jacques Le Goff, *Marchands et banquiers du moyen âgae* (1956), 4ᵉ éd. (Paris 1969), 70ff.

[214] Cicero, De officiis 1, 42. 151; Horaz, Epist. 1, 1. 45f; 이에 대해서는 Augustinus, Enarratio in psalmos, 70, c. 17. Migne Patr. Lat. Bd. 36 (1845), 886.

215 → Stand, Klasse, Bd. 6, 160ff. 185ff.

216 이것은 다음 저작들에서 나타난다. Bernhard von Clairvaux, "Predigt vor dem Kölner Klerus (1147), bei Gaufrid von Auxerre, Declamationes 10 (12. Jr.)", Migne, Patr. Lat, Bd. 184 (1879), 443; 또한 아마도 12세기 텍스트인 다음의 것도 참조하라. "De quatuor ordinibus," ebd. 94 (col: 556f.).

217 Le Goff, *Marchands*, 79ff.; vgl. Robert Linhardt, *Die Sozialprinzipien des heiligen Thomas von Aquin* (Freiburg 1932), 187ff, bes. 199f.; John Thomas Gilchrist, *The Church and Economic Activity in the Middle Age* (London, Melbourne, Toronto, New York 1969), 53ff.

218 Vgl. Le Goff, *Marchands*, 80ff.; John W. Baldwin, *Masters, Princes, Merchants, vol. 1: The Social Views of Peter the Chanter and his Circle* (Princeton/N. J. 1970), 263ff에서 인용함.

219 Marsilius von Padua, Defensor pacis 1,4,5; 1,5,1 (1324), MG Fontes iur.Germ. ant., Bd. 7 (1932), 19f.→Arbeit, Bd. 1, 160ff.

220 Vgl. Le Goff, *Marchands*, 82ff.; Maschke, *Berufsbewußtsein* (s. Anm. 211), 208ff.

221 초기(14세기) 사례로서는 피렌체 상인이 쓴 《상인귀감서*Kaufmannsspiegel*》가 있다. 이에 대해서는 다음을 참조하라. G. Corti, "Consigli sulla mercatura di un anonimo trecentista", *Arch. storico italiano* 110 (1952); Francesco Balducci Pegolotti, La pratica della mercatura (1310/40), ed. Allan Evans (Cambridge/Mass. 1936).

222 Vgl. Wolf–Hagen Krauth, *Wirtschaftsstruktur und Semantik. Wissenssoziologische Studien zum wirtschaftlichen Denken in Deutschland zwischen dem 13. und 17. Jahrhundert* (Berlin 1984), 26ff.

223 이에 대해서는 Raymond de Roover, *La pensée économique des scholastiques. Doctrines et méthodes* (Montréal, Paris 1971). 더 오래된 서술에 대한 개관은 다음 을 보라. ebd., 95ff.

[224] Ebd., 76ff. 자료가 풍부한 개관을 위해서는 다음을 보라. Gabriel Le Bras, Art. usure, *Dictionnaire de théologie catholique*, éd. Jean Michel Alfred Vacant u. a., t. 15/2 (Paris 1950), 2336ff.

[225] Vgl. oben Abschnitt, II. 2. 아리스토텔레스의 사상("돈은 돈을 낳지 않는다 nummus non parit nummos")이 중세에 미친 영향에 대해서는 vgl. Le Goff, *Marchands* (s. Anm. 213), 73f.

[226] Roover, *La pensé économique*, 46ff.

[227] Aristoteles, Pol. 1257a–b; Augustinus, De civitate Dei 11, 16 (s. Anm. 132), 535.

[228] Thomas von Aquin, Sententia libri ethicorum 5, 9 (s. Anm. 109), 294f.

[229] Roover, *La pensé économique*, 48에서 재인용.

[230] Ebd., 46ff.

[231] Thomas von Aquin, Sententia libri ethicorum 1, 1, (s. Anm. 109), 4f.; ders., Summa contra gentiles 3, 131. 134. Opera omina, t. 14 (1926), 398, 404f.

[232] Ders., Sententia libri ethicorum 1, 1, (p. 4); vgl. oben bei Anm. 139.

[233] Roover, *La pensé économique* (s. Anm. 213), 52ff.

[234] Corpus iuris civilis. Dig. 35, 2, 63 (1893; Ndr. 1954), 556; vgl. ebd. 9, 2, 33 (p. 161).

[235] Roover, *La pensé économique*, 55ff.

[236] Ebd., 66ff, 74f.; Josef Höffner, *Wirtschaftspolitik und Monopole im 15. und 16. Jahrhundert* (Jena 1941).

[237] Roover, *La pensé économique*, 61f.

[238] Ebd., 62.

[239] Ebd., 63.

[240] Ebd., 63ff.; 특히 교황의 사회교서와 '양육원칙Nahrungsprinzip' 이론의 전거 가 된 것에 대해서는 다음을 보라. Werner Sombart, *Der moderne Kapitalismus*.

Historisch–systematische Darstellung des gesamteuropäischen Wirtschaftslebens von seinen Anfängen bis zur Gegenwart (1903), 2. Auf., Bd. 1: *Die vorkapitalistische Wirtschaft* (München, Leipzig 1928), 188ff, 319ff.

[241] František Graus, *Das Spätmittelalter als Krisenzeit*, Mediaevalia Bohemica. Supplementum 1 (1969); Wilhelm Abel, *Agrarkrisen und Agrarkonjunktur in Mitteleuropa vom 13. bis zum 19. Jahrhundert* (1955), 3. Aufl. (Hamburg, Berlin 1978); Wilhelm Abel, *Strukturen und Krisen der spätmittelalterlichen Wirtschaft* (Stuttgart, New York 1980); W. Rösener, "Zur sozialökonomischen Lage der bäuerlichen Bevölkerung im Spätmittelalter," in *Bäuerliche Sachkultur des Spätmittelalters*, Österreichische Akad. d. Wiss., Phil. –hist. Kl., Sitzungsber., Bd. 439 (1984), 9f; *Europa 1400. Die Krise des Spätmittelalters*. hg. v. Ferdinand Seibt u. Winfried Eberhard (Stuttgart 1984).

[242] Jean–Noël Biraben, *Les hommes et la peste en France et dans les pays européens et méditerranéens*, 2 Vols. (Paris, Den Haag 1975/76); Rainer Schröder, *Zur Arbeitsverfassung des Spätmittelalters* (Berlin 1984).

[243] Wilhelm Weber/Theo Mayer–Maly, "Studie zur spätmittelalterlichen Arbeitsmarkt– und Wirtschaftsordnung", *Jbb. f. Naionalök. u. Statistik* 166 (1954), 358ff; Schröder, *Arbeitsverfassung*, 74f.

[244] 이것의 영향에 대해서는 다음을 보라. John Hatcher, *Plague, Population and the English Economy 1348–1530* (London 1977); Bronislaw Geremek, *Le salariat dans l'artisanat parisien aux XIIIe–XVe siècles* (Paris, Den Haag 1968), 119ff.

[245] Schröder, *Arbeitsverfassung*, 81. 그 효율성의 문제에 대해서는 다음을 보라. ebd., 87ff.

[246] 예컨대 위생경찰의 영역에서도 나타났다. Biraben, *Les hommes*, t. 2, 85ff.

[247] Christoph Sachsse/Florian Tennstedt, *Geschichte der Armenfürsorge in Deutschland. Vom Spätmittelalter bis zum Ersten Weltkrieg* (Stuttgart, Berlin, Köln,

Mainz 1980), 30ff. 36ff.; Volker Hunecke, "Überlegungen zur Geschichte der Armut im vorindustriellen Europa", *Gesch. u. Gesellschaft 9 (1983), 491ff.*; O. G. Oexle, "Armut, Armutsbegriff und Armenfürsogre im Mittelalter", in *Soziale Sicherheit und soziale Disziplinierung*, hg. v. C. Sachsse u. F. Tennstedt (Frankfurt 1986), 85ff.

[248] Vgl. Sachsse/Tennstedt, *Geschichte der Armenfürsorge*, 36ff. 40ff.; Robert Jütte, "Andreas Hyperius (1511–1564) und die Reform des frühneuzeitlichen Armenwesens", *Arch. f. Reformationsgeschich.* 75 (1984), 113ff. Hunecke, Armut, 492ff. 509ff.

[249] Brunner, Das 'ganze Haus' (s. Anm. 81), 118.

[250] 중세의 '경제사'를 학술적으로 고찰한 결과에 대해서는 다음을 보라. ebd., 123ff.

[251] Ebd., 124. 126.

[252] Grimm Bd. 14/2 (1960), Ndr. Bd. 30 (1984), 661ff., s. v. Wirtschaft.

[253] Ebd., 661, 670ff.

[254] 그림Grimm에 대한 보충설명으로 다음을 보라. Hans L. Stoltenberg, "Zur Geschichte des Wortes Wirtschaft", *Jb. f. Nationalök. u. Statistik* 148 (1937), 556ff.(아쉽게도 원문과 의미 분석이 누락되어 있다).

[255] '관리하다Wirtschaften'라는 단어가 보편적인 행동과 추진이라는 의미로 쓰였던 것이 독일의 고전문학에서 그 의미가 퇴색되어가면서 그 행동도 사라지기 시작했지만 역사적으로는 하나의 딜레마로 남았다. Grimm, Bd. 14/2, Ndr. Bd. 30, 677ff., s. v. Wirtschaft.

[256] Ebd., Bd. 7, Ndr. Bd. 13, 1268f., s. v. Ökonomie.

[257] 더 이전에 저술된 루터의 글에도 나온다. Luther, Vorrhede auff die stucke Esther und Daniel (1534), WA Dt. Bibel, Bd. 12 (1972), 492. "모든 것이 쉽게 경찰, 살림살이, 혹은 신자의 신실한 다수를 의미한다고 해석될 수 있을까ist

alles leichtlich zu deuten auff eine Policey, economey oder fromen hauffen der gleubigen."

258 Johann Balthasar Schupp, Lehrreiche Schriften (1684), zit. Grimm Bd. 7, Ndr. Bd. 13, 1268, ds. v. Ökonomie. "뛰어난 사람도 가사를 돌볼 때 대개 잘못을 저지르기 때문에 그들이 살림살이의 관리자와 감독자가 되려면 배워야 한다 고 생각한다.grosze herrn begehen gemeiniglich in ihrer hauszhaltung die faute, dasz sie zu cammermeistern und inspectorn der öconomie annehmen gelahrte leute."

259 이에 대해서는 다음을 참조하라. O. Brunner, Art, Hausväterliteratur, *Hwn. d. SozWiss.*, Bd. 5 (1956), 92; Julius Hoffmann, *Die Hausväterliteratur und die Predigten über den christlichen Hausstand* (Weinheim, Berlin 1959). 그리고 오토 브 루너의 다른 기본 저작도 참조하라.

260 Menius. ⋯⋯ Oeconomia christiana (s. Anm. 198), Ciiij v: "살림살이와 정 치에 대한 이교도와 기독교인 가르침의 차이Underscheid Heidnischer vnd Christlicher leere von der Oeconomia vnd Politia."; vgl. Krüger, "Oeconomica", (s. Anm. 82), 532f.

261 Johannes Coler, Oeconomia ruralis et domestica (1593; Ausg. Frankfurt 1680); ders, Oeconomiae oder Haußbuch erster Theil (Ausg. Wittenberg 1616), Vorrede von 1608; "이것은 나의 경제 저서 혹은 가정서이다dieses mein Opus Oeconomicum oder Haußbuch".

262 Ders., Oeconomiae (1616), Widmungsvorrede. "만약 제후가 그것을 시행할 인 력을 갖고 있다면 통치가 곧 살림살이라는 점을 약간이라도 이해하는 편이 더 낫다."

263 다음에 나오는 제목을 보라. Hoffmann, *Hausväterliteratur*, 63ff.

264 Menius. ⋯⋯ Oeconomia christiana, B ij, C iiij v:, vgl. Krüger, "Oeconomica", 532. 다음의 전단지에서도 마찬가지였다. J. Menius, Ich will Haushalten

(1529), abgedr. *Flugschriften aus den ersten Jahren der Reformation*, hg. v. Otto
Clemen, Bd. 4 (Halle 1911), 163.

[265] Coler, Oeconomiae, 1, 1, 2, 1 (1616).

[266] Caspar Ingelius, Oeconomia oder nothwendiger Unterricht und Anleitung / wie
eine gantze Haußhaltung am nützlichsten und besten ······ angestellt (Leipzig
1617).

[267] Menius. ······ Oeconomia christiana, C iiij v:, hußvader; vgl. Krüger,
"Oeconomica", 532.

[268] Wolf Helmhard v. Hohberg, Georgica curiosa. ······ 2, 7. Bd. 1 (Nürnberg 1682),
101: "가장이 공동으로 경작할 때 반드시 주의해야만 할 점Was ein Haus-
Vatter ins gemein in der Wirtschafft habe zu beachten."

[269] Vgl. bei Hoffmann, *Hausväterliteratur*, 63ff.

[270] Menius. ······ Oeconomia christiana, C iiij v에서 자식에 대해서는 '가장'이
라는 말을, 부인과의 관계에 대해서는 '주인장Hauswirt'이라고 말했다. Vgl
Krüger, "Oeconomica", 532f.

[271] Coler, Oeconomiae (1616), Widmungsvorrede.

[272] Hohberg, Georgica curiosa. ······ 2, 7. Bd. 1, 102: 만약 가장이 좋은 선례를 갖
고 있다면, 모든 경제는 잘 되어간다.

[273] Ebd., Vorrede an den Leser. Vgl. Johann Wilhelm Wündschen, Neu vermehrtes
und verbessertes Memoriale Oeconomico ······ (Frankfurt, Leipzig 1673?), 2;
"살림살이 혹은 가계, 다른 말로 하자면 경제를 운영하는 방법은 전체적으
로 가사의 조달과 관리에 다름 아니다Die Oeconomia oder Haußhaltung /
alias die Art und Weise Wirtschafft zu treiben ist ins gemein nichts anderes /
als Procuratio vel Administratio Rei domesticae. Das ist / Eine Versorgung und
Verwaltung einer Häußlichen Sache."

[274] Franciscus Philippus Florinus (Pseud.), Oeconomus prudens et legalis continuatus

······ (1702, Ausg. Nürnberg 1719), 787.

275 Hohberg, Georgica curiosa. ······ Widmungsrede, Bd. 1, aijʳ ; "인간을 사랑하시는 천상의 주인께서는 원대한 세계경륜을 가장 아름답고 가장 올바른 순서로 더 끊임없이 제공하고자 지금도 그만두고 계시지 않는다Es lässet auch dieser Menshenliebende Himmlische Hausherr noch nicht ab / die grosse Welt-Oeconomiam noch immerdar mit schönster und richtigster Ordnung unaufhörlich zu bestellen." Brunner, "Das 'ganze Haus'", (s. Anm. 82), 126f. 브루너는 이 대목의 의미를 더 높이 평가하여 테를툴리아누스Tertullianus*에서 막스 베버Max Weber에 이르는 신학적 정신사적인 계보에 포함시켰다. 그렇지만 그것이 설득력이 있건 없건 간에 그렇게 세계관에 따라 요약을 해버리면 개념사로 살피는 데에는 적당하지 않다.

276 Kol. 3,18; 4,1; Eph. 5,22; 6,9; Luther, Kleiner Katechismus (s. Anm. 201), 239ff.

277 Menius. ······ Oeconomia christiana, B ii, j v; vgl. Krüger, "Oeconomica", (s. Anm. 82), 531ff.

278 Florinus, Oeconomus prudens, 543.

279 Coler, Oeconomiae 1. 1, 2, 1 (1616).

280 J. W. Wündschen, Memoriale oeconomico-politico-practicum. ······ (Leipzig 1669), Vorrede.

281 Florinus, Oeconomus prudens, 2; vgl. ebd., 4, 101.

282 Wündschehn, Neu vermehrtes und verbessertes Memoriale (s. Anm. 273), 130.

283 Florinus, Oeconomus prudens, 4. "가정 관리가 기반하고 있어야 하는 전반적인 토대"에 대해 여기서는 이렇게 해명한다. "가정 관리는 결코 개개인에 토

---

* [옮긴이] 2~3세기에 활동한 기독교 교부로서 삼위일체를 신약용어에 처음 사용했다고 알려진다.

대를 두고 있는 것이 아니라 다양한 사람들의 사회집단 혹은 공동체를 필요
로 하는데, 그것은 여러 가지 의도에 따라 남편과 부인으로서, 부모와 자식으
로서, 지배자와 피지배자로서, 그렇지만 이 모두가 가족공동체로서 하나의
사회집단으로 간주된다."

[284] Alsted (1620), 2281; "살림살이 협회는 살림살이의 책무를 다하고 잘못된 살림
살이를 없앤다. 책무를 통해서 살림살이의 덕목을 배운다Societas oeconomica
conservatur oeconomicis officiis, destruitur vitiis oeconomicis. Per officia intellige
actus virtutum oecononomicarum."; vgl. Paul Münch, Virtutes oeconomicae.
Studien zu Entstehung und Zusammenhang der Verhaltensleitbilder Ordnung,
Fleiß, Sparsamkeit, Reinlichkeit während des 16. und 17. Jh. (ungedr. Habil.–
Schr. Tübingen 1982). 필자가 이 원고를 들여다볼 수 있게 허락해준 저자에 감
사한다.

[285] Münch, Virtutes, passim; vgl. *Ordnung, Fleiß, und Sparsamkeit, Texten und
Dokumente zur Entstehung der 'bürgerlichen Tugenden'*, hg. v. P. Münch (München
1984); Coler, Oeconomiae 1, 1, 2, 1, Ausg, 1616 (s. Anm. 262): "그래서 집주인
은 자기 가계에서 성공을 거두려면, 자기의 모든 일에서 이해하고 조심하며
절약하고 그러면서도 부지런해야 하는 것을 알아야 한다." →Industrie, Bd. 3,
239ff.

[286] Vgl. Hoffmann, "Hausväterliteratur" (s. Anm. 259), 17ff; Krüger, "Oeconomica",
(s. Anm. 82), 474ff.

[287] 이에 대해서는 이미 지적된 바 있다. Brunner, *Adeliges Landleben* (s. Anm. 118),
265f.

[288] Keith Tribe, *Land, Labour and Economic Discourse* (London 1978), 53ff.

[289] Coler, Oeconomia, Ausg. 1593/1680 (s. Anm. 261); Hohberg, Georgica (s. Anm.
268), Bd. 1, Widmungsvorrede.

[290] Otto v. Münchhausen, Der Hausvater, Bd. 2/2: Des Hausvaters kritische

Haushalts-Bibliothek (Hannover 1766), Nr. 32-94; vgl. Johann Traugott Müller, Einleitung in die oekonomische und physikalische Bücherkunde, Bd. 1 (Leipzig 1780), 6ff.: "농지관리 전반에 대해서".

[291] Julius Bernhard v. Rohr, Compendieuse Haußhaltungs-Bibliotheck (Leipzig 1716), 8. 여기에서는 상업세계와 도시가계를 포함하는 '도시-경제방식'과 '농촌-경제방식' 혹은 '토지-살림살이'로 분류되었다.

[292] Menius, ······ Oeconmia christiana (s. Anm. 198), C iiij v; "비록 사람들이 이것을 아예 외면할지도 모르지만, 경제 혹은 가계 이외에도 정치 혹은 연방국가 통치도 하나의 원천에서 나오고 유래되었음은 의심의 여지가 없으며, 마치 도시와 농촌에서 가계를 유지하는 것과 똑같이 통치도 그렇게 한다는 점을 알게 된다."

[293] Wündschen, Memoriale oeconomico (s. Anm. 280), Vorrede.

[294] Florinus, Oeconomus prudens (s. Anm. 274), Vorrede, 51.

[295] P. Münch, "Haus und Regiment. Überlegungen zum Einfluß der alteuropäischen Ökonomie auf die fürstliche Regierungstheorie und -praxis während der Frühen Neuzeit", in: Europäische Hofkultur im 16. und 17. Jahrhundert, hg. v. August Buck u. a., Bd. 2 (Hamburg 1981), 205ff; P. Münch, "Die 'Obrigkeit im Vaterland'. Zu Definition und Kritik des 'Landesvaters' während der Frühen Neuzeit", Daphnis 11 (1982), 15ff.

[296] Rohr, Haußhaltungs-Bibliotheck, 1, 46ff.

[297] Ebd., 83.

[298] Christian Friedrich Germershausen, Die Hausmutter in all ihren Geschäften, Bd. 1 (1776), 3. Aufl. (Leipzig 1782), 이 저자는 서문에서 "살림학의 출현"을 애매모호하게 찬양하고 이와 동시에 일부는 새로운 살림학이라는 사회적 위상에서 옛 살림살이 개념의 잡학으로 끌어내리고자 했음에도 다음과 같이 말했다. "이것은 수많은 개개인들로 인해서, 주부들이 이끄는 가정경제를 통해서

······ 국가 전체의 부 혹은 국민 복지의 총량을 성장시킬 수 있을 것이다."

[299] 이러한 부정적인 관찰에 대해서는 다음을 보라. *Quellen zur neueren Privatrechtsgeschichte Deutschlands*, Bde. 2/1 u. 2/2: Polizei- und Landesordnungen, hg. v. Wolfgang Kunkel, Gustav Klemens Schmelzeisen, Hans Thieme (Köln, Graz 1968/69).

[300] Reichspolizeiordnung von 1577, abgedr. ebd., Bd. 2/1, 62ff.

[301] 예컨대 1553년 바이에른 주 법령의 전문前文(Die Präambel der Bairischen Landesordnung von 1553)을 보라. abgedr. ebd., 161, 알브레히트 5세 공작은 이 법령으로 "우리 공국과 공국인들에게 이익과 복지를 충만하게 제공할" 계획이었으며 거기에서 '이익'과 '복지'는 결합된 것이었다.

[302] Jakob Fugger, zit. Götz Fhr. v. Pölnitz, *Jakob Fugger, Kaiser, Kirche und Kapital in der oberdeutschen Renaissance*, Bd. 1 (Tübingen 1949), 465.

[303] Luther, Von Kaufshandlung und Wucher (1524), WA Bd. 15, 312, 295.

[304] Friedrich Weigandt, Reichsreformentwurf für die fränkische Bauernschaft (18. 5. 1525), abgedr. *Quellen zur Geschichte des Bauernkrieges*, hg. v. Günther Franz (München 1963), 380, Nr. 124. "푸거Focker, 호프슈테터Hofstetter, 벨저Welser 등의 회사들은 중단되어야 한다. 그렇지 않으면 이를 통해 가난과 부가 ······ 쉽게 등장하지 않는다.

[305] Edikte Karls V. v. 10. 3. u. 18. 1525, zit. Pölnitz, Fugger, Bd. 1, 555ff, 558.

[306] Luther, Kleine Sermon vom Wucher (1519), WA Bd. 6 (1888), 1ff; ders., Großer Sermon von dem Wucher (1520), ebd., 33ff; ders, An die Pfarrherrn wider den Wucher zu predigen, Vermahnung (1540), WA Bd. 51 (1914), 325ff.

[307] Marx, Grundrisse der Kritik der politischen Ökonomie (1857/59; Berlin 1953), 891; 오래된 모든 문헌을 이용한 다음의 저작도 참조하라. Günter Fabiunke, *Martin Luther als Nationalökonom* (Berlin 1963).

[308] Luther, Vermahnung, 351. "사람들이 당장 급한 어려움을 해결하면 풍족하게

먹고 부자가 되어서, 집안에만 눌러앉아 자신을 위해 돈을 땅에 투자하지 않아서 생긴 혹사, 근심과 위험, 손해에 직면한 다른 사람 앞에서 한가하게 여유를 갖고 호사스럽게 떵떵거리고자 한다. 왜냐하면 그것이 돈을 늘려주고 위험과 걱정은 있지만 어쩌면 큰돈을 만지게 할 터니까 말이다. 여러분, 누가 이것을 마다하겠습니까?"

[309] "이는 '내가 할 수 있거나 원하기 때문에 내 물건을 그 값에 판다'라는 뜻이 아니라, '내가 그래도 되거나 모든 것이 적당하고 싸기 때문에 나는 내 물건을 그 값에 판다'라고 해야 한다. Luther, Von Kaufshandlung und Wucher, 295.

[310] Luther, De usura (1540), WA Tischreden, Bd. 4 (1916), 560, Nr. 4863.

[311] Jochen Hoock, "Handbücher und Traktate für den Gebrauch des Kaufmanns. Zu den Beständen der Herzog August Bibliothek. 1500–1800", *Wolfenbütteler Beitr.* 4 (1981), 254f.

[312] Ebd.

[313] Wolfgang Schweicker, Zwiefach buchhalten, sampt seine giornal, des selben beschlus, auch rechnung zu thun ······ (Nürnberg 1549), 1→Kapital, Bd. 3, 399ff.

[314] Hoock, Handbücher, 251ff.

[315] Bernardo Davanzati, Lezione delle monete (1588), Opere, ed. Enrico Bindi, t. 2 (Florenz 1853), 437ff, 456: "상업적 인간"

[316] Ernst Schulin, *Handelsstaat England. Das politische Interesse der Nation am Außenhandel vom 16. bis ins frühe 18. Jh.* (Wiesbaden 1969).

[317] 이는 다음 두 사람이 펴낸 책의 제목이다. Edward Misselden (London 1623: Ndr. Amsterdam, New York 1969). Thomas Mun (1628: London 1664). →Exkurs: Wirtschaftlicher Liberalismus, Bd. 3, 788f.

[318] Charles W. Cole, *French Mercantilist Doctrine before Colbert* (New York 1931),

64. 새로운 중상주의 논쟁에 대해서는 다음을 참조하라. Fritz Blaich, *Die Entstehung des Merkantilismus* (Wiesbaden 1973), 1ff. 18ff, 54ff, 126ff.

319 Magdalene Humpert, *Bibliographie der Kameralwissenschaften* (Köln 1935/37), Nr. 311 (1674), Nr. 316 (1695); Nr. 327 (1712); Nr. 5126 (1708); Nr. 5296 (1775); Nr. 5276 (1729); Nr. 331 (1714); Nr. 342 (1727).

320 Ebd., Nr. 309 (1661), Nr. 336 (1718), Nr. 5282 (1752).

321 Paul Jacob Marpergerm, Abriß der Commercien und Manufacturen des Churfürstentum Sachsens (Dresden, Leipzi 1718); J. H. Speradner, Sorgfältiger Negotiant und Wechseler, das ist: Wohlmeyendes Bedencken ...... über das Commercien−Wesen (Leipzig, Rostock 1706)

322 제목의 형태에 대해서, 그리고 아마도 있었을 법한 네덜란드의 영향에 대해서는 다음을 참조하라. Herbert Hassinger, *Johann Joachim Becher 1635−1682. Ein Beitrag zur Geschichte des Merkantilismus* (Wien 1951), 52f. 114f. 266.

323 Johann Joachim Becher, Politische Discours von den eigentlichen Ursachen deß Auff− und Abnehmens der Städte, Länder und Republicken (1668), 3. Aufl. (Frankfurt 1688; Ndr. Glashütten/Ts. 1972), Dedicatio.

324 Ebd., 14ff.

325 Ebd., 120f, 123.

326 Günther Buchstab, *Reichstädte, Städtekurie und Westfälischer Friedenskongreß* (Münster I. W. 1976), 149ff.

327 Instrumentum pacis Osanbrugense IX, §1 (14./24. Okt. 1648), abgedr. *Quellensammlung zur Geschichte der deutschen Reichsverfassung in Mittelalter und Neuzeit* (1904), hg. v. Karl Zeumer, 2. Aufl., Bd 2 (Tübungen 1913), 417, Nr. 197.

328 Reichsschluß v. 8. 10. 1667, abgedr. *Arbeitsbuch Geschichte: Neuzeit*, Bd. 1, hg. v. Eberhard Büssem u. Michael Neher (München 1977), 286ff., Nr. 28.

[329] Ingomar Bog, *Der Reichsmerkantilismus. Studien zur Wirtschaftspolitik des Heiligen Römischen Reiches im 17. und 18. Jh.* (Stuttgart 1959), 142; vgl. Fritz Blaich, *Die Wirtschaftspolitik des Reichstags im Heiligen Römischen Reich* (Stuttgart 1970).

[330] Jacques Savary des Bruslons/Philémon—Louis Savary, Dictionnaire unversel de commerce, d'histoire naturelle, d'arts et métiers (1723/30), nouv. éd., t. 1 (Genf 1742), 1.

[331] Vgl. Eduard Weber, "Literaturgeschichte der Handelsbetriebslehre", *Zs. f. d. ges. Staatswiss.*, Erg.—H. 49 (1914: Ndr. 1967), 51. Anm. 2; vgl. ebd., 77.

[332] Savary/Savary, Dictionnaire, t. 1, 6.

[333] Vgl. Weber, Literaturgeschichte, 51.

[334] Johann Carl May, Versuch einer allgemeinen Einleitung in die Handlungs—Wissenschaft, Bd. 2: Von der Land— und Stadtwirtschaft (Altona 1763), 45ff.

[335] P. J. Marperger, Erste Fortsetzung seiner so notwendig als nützlichen Fragen über die Kauffmannschaft (Leipzig, Flensburg 1715), 238.

[336] Ders., Der allzeit fertige Handelscorrespondent, worinnen die ganze Handelswissenschaft ⸱⸱⸱⸱⸱⸱ (Hamburg 1706).

[337] Hübner, Handlungslex. (1712); Adrian Beier, Allegmeines Handlungs—, Kunst—, Berg— und Handwercks—Lexicon (Jena 1722).

[338] Georg Heinrich Zincke, Leipziger Sammlungen ⸱⸱⸱⸱⸱⸱ Bd. 1(1742), zit. Weber, Literaturgeschichte, 48.

[339] May, Versuch; Johann Heinrich Jung [=Jung—Stilling], Gemeinnütziges Lehrbuch der Handlungswissenschaft für alle Klassen von Kaufleuten und Handlungsstudierenden (1785; Leipzig 1799); Johann Michael Leuchs, Allgemeine Darstellung der Handlungswissenschaft ⸱⸱⸱⸱⸱⸱ (Nürnberg 1791); vgl. Weber, Literaturgeschichte, 67, 72, 75.

[340] 이에 대한 비판은 다음을 보라. Weber, Literaturgeschichte, 72, 75ff, 94.

[341] 더 풍부한 증거가 담긴 글로서는 다음을 참조하라. Johannes Burkhardt, "Der Umbruch der ökonomischen Theorie", in: *Verhaltenswechsel in der industriellen Revolution. Beiträge zur Sozialgeschichte*, hg. v. August Nitschke (Stuttgart 1975), bes. 58ff.

[342] 이에 반대하는 주장에 대해서는 다음을 보라. Sombart, *Kapitalismus* (주20을 참조) Bd. 2; *Das europäische Wirtschaftsleben im Zeitalter des Frühkapitalismus* (1928), 912ff. 좀바르트는 중상주의적 사고방식이 '역동적이며' '생산을 주제로 하는 것'이라고 말했지만, 영국의 고전경제학자들은 반대로 '정체적'이라고 주장했다. 이 차이에 영향을 준 것은 국가에 대한 근본적 사고, 무엇보다도 중상주의적 체제를 건설하려는 각자 독특한 의도였다. 좀바르트에 따르면, "당시에 이미 학문적 사고방식의 도움을 얻어 그러한 체제를 구축했다면 그러한 의도는 이미 모습을 드러냈을 것이다"(Ebd., 920). 이른바 '국민경제적인 생산성의 개념'은 모든 역사적인 자체 증거가 부정적이기 때문에 결국 '무의식에서'만 추정될 수 있다(Ebd., 929). 반면 더 적절한 것으로는 다음을 보라. Eli F. Heckscher, *Der Merkantilismus*, Bd., 1 (Jena 1932), 14; Tribe, Land (s. Anm. 288), 81; Joseph Höffner, *Wirtschaftsetik und Monopole im 15. u. 16. Jh.* (Jena 1941), 117, 158. →Arbeit, Bd. 1, 167ff; Produktion, Bd. 5, 1ff.

[343] Jean Bodin, Les six livres de la République 1, 2; 5, 2; 6, 1 (1576; Ausg. Paris 1583; Ndr. Aalen 1961), 10ff, 701ff, 835ff.

[344] Maximilien De Béthune, Duc de Sully, Mémoires des sages et royales économies d'état, domestiques, politiques et militaires de Henri le Grand (1634), éd. Joseph F. Michand (Paris 1837)

[345] Vgl. Joseph Garnier, De l'origine et de da filiation du mot économie politique, Journal des économistes 32 (1852), 306; James E. King, "The Origin of the Term 'political Economy'", *The Journal of Modern Hist.* 20 (1948), 230f. 여기에서는 정치경제학이란 표현이 이미 그보다 앞서 다음에 나왔다고 했다.

Louis de Mayerne–Turquet, La monarchie aristodémocratique (1611), 558. 하지만 이는 간간히 언급되는 정도였으며 더욱이 아주 일반적인 의미로 쓰였다. 이 이중 개념과 관련된 더 많은 문헌을 검토한 가장 훌륭하고 포괄적인 새 논문은 다음과 같다. Gunnar Stollberg, "Zur Geschichte des Begriffs 'Politische Ökonomie'", *Jbb. f. Nationalökonomie u. Statistik* 192 (1977), 1ff.

346 Antoyne de Montchrétien, Traicté de l'oeconomie politique ...... (1615), éd. Théophile Funck–Brentano (Paris 1889).

347 이러한 공백을 강조한 것으로는 다음을 보라. Heinz–Dieter Mundorf, *Der Ausdruck 'Politische Ökonomie' und Geschichte* (Diss. Köln 1957), 72. 이에 비해 다음에서는 그 공백을 실제 메우지 못하고 단지 그것의 변형된 해석을 요구했던 텍스트 인용문에 주목했다. Stollberg, *Geschichte*, 7ff.

348 Rousseau, Art. Èconomie ou Oeconomie, morale et politique (1755), Oeuvres compl., t. 3 (1964), 241. 244.

349 Hume, Of Commerce (1752), Essays Moral, Political, and Literary, Works, 2nd. ed., vol. 3 (1882; Nrd. 1964), 288; 'oeconomy'는 특별한 의미로만 쓰였다. ebd., 287; ders, Of the Populousness of Ancient Nations (1752), ebd., 385.

350 James Steuart–Denham, An Inquiry into the principles of Political Oeconomy (1767), ed. Andrew S. Skinners, 2 vols. (Edinburgh, London 1966)

351 Adam Smith, An Inquiry into the Nature and Causes of the Wealth of Nations 4 (1776), Works and Correspondence, vol. 2/1, ed. R. H. Campbell, A. S. Skinner, W. B. Todd (Oxford 1976), 428ff.: "정치적 살림살이 체제에 대해서."

352 Christoph Dipper, *Politischer Reformismus und begrifflicher Wandel, Eine Untersuchung des historisch–politischen Wortschatzes der Mailänder Aufklärung 1764–96* (Tübingen 1976), 58.

353 Antonio Genovesi, Delle lezioni di commercio o sia d'economia civile (1763; Ausg. Mailand 1803); Pietro Verri, Commercio dello Stato di Milano (1763; Ausg.

Mailand 1804)); ders., Economia pubblica dello Stato di Milano (1763; Ausg.

Mailand 1804); ders., Meditazioni sulla Economia politica (1771; Ausg. Mailand

1804).

354 관방주의를 다양한 학술사적인 관심으로 철학적으로 독특하게 연구한 사

례에 대해서는 다음을 참조하라. H. L. Stoltenberg, *Geschichte der deutschen*

Gruppwissenschaft (Soziologie) mit besonderer Beachtung ihres Wortschatzes

(Leipzig 1937); Hans Maier, *Die ältere deutsche Staats- und Verwaltungslehre*

(Politikwissenschaft). Ein Beitrag zur Geschichte der politischen Wissenschaft in

Deutschland (Neuwied, Berlin 1966; Ndr. München 1980); Jutta Brückner,

Staatswissenschaften, Kameralismus und Naturrecht. Ein Beitrag zur Geschichte der

politischen Wissenschaft in Deutschland des späten 17. und frühen 18. Jh. (München

1977), → Politik Bd. 4, 814ff; Staat und Souveränität, Bd. 6, 18ff. 108ff;

Polizei, Bd. 4, 875ff.

355 Philipp Wilhelm von Hornigk, Oesterreich Über alles / Wann es nur will,

Das ist: Wohlmeinder Fürschlag / Wie mittels einer wohlbestellten Lands-

Oeconomie, Der Kayserliche Erb-Land in kurtzem über alle andere Staat von

Europa zu erheben (1684; o.O. 1705).

356 Ebd., 20. "내가 상업에 종사하고 있었을 때 나는 실제 그것을 나쁘게 바라봐

야만 한다고 들었고 그 결과도 전체적으로 폄하되거나 혹은 나에게 불행을

가져다준다고 여겼다. 특히 그것을 믿고 내가 거의 모든 재산을 쏟아 붓고 그

것을 잘 하기 위해서는 우선적으로 가장 좋은 수단을 갖고 있는 것으로 볼 수

있는 상인에게 토지-살림살이를 맡겨야 한다."

357 Ebd., 48, 54.

358 Rohr, Haußhaltungs-Bibliotheck (s. Anm. 291), Widmung.

359 Ebd. "그러한 제후들의 살림살이"(관방학 및 국가학과 동일한 것)와 '민간인의 그

것'은 구분되지만, 제후는 아마도 재무를 잘 알고 "자신의 재산을 잘 관리할

뿐만 아니라 신민들의 재화도 불리려고 시도하기 때문에"(ebd., 8), 양자는 서로 결합되어 있고, 또한 제후는 "공공살림살이라고 불리는 그들의 살림살이도 관리해야"만 한다(ebd., 43).

360 Ebd., 1.

361 Ebd., 17.

362 Anastasius Sincerus (Psued.), Project der Oeconomie in Form einer Wissenschaft (1716), 2. Auf. (Frankfurt, Leipzig 1717). 이 책 겉표지에 '살림살이'라는 제목이 반복되어 있다.

363 Ebd., 17, § XXIV: "자연적인 살림살이란 인간이라는 생명체의 욕구와 편안함을 채워주는 모든 형태의 것이 지속적인 경작을 통해 성장하고, 수공업을 통해 완벽해지고, 상인을 통해 사람들 사이에 퍼지는 것을 분석하고 조명한다."

364 Johann Peter v. Ludewig, Die …… neu angerichtete Profession in Oeconomie, Policey und Cammer-Sachen (Halle 1727), 143ff., § 49.

365 Ebd., 145 § 50.

366 Ebd., 146 § 50.

367 Ebd.

368 Johann Heinrich v. Justi, Staatswirthschaft oder Systematische Abhandlung aller Oekonomischen und Cameral-Wissenschaften …… (1755), 2 Aufl., Bd. 1(Leipzig 1758; Ndr. Aalen 1963).

369 Ebd., XXXV; ebd., XXXIX: "한 국가의 거대한 살림살이에 대해서". 개념정의의 유사성은 ebd., 32 § 3: "사적인 개인의 재화에서 살림살이가 의도하는 것이나 국가 전체의 부에서 통치학Regierungswissenschaften이 갖는 목적은 유사하다. 곧 국가의 부를 어떻게 유지하고 증대시키고 신중하게 사용해야 하는지 그 방법을 보여주는 것이다. 통치학은 말하자면 아주 당연하게도 살림학의 명칭을 사용한다."

370 Ebd., XXXVIII.

371 Ebd., 429. § 410.

372 Joseph v. Sonnenfels, Grundsätze der Polizey, Handlung und Finanz (1765/76), 5. Aufl., Bd. 2: Die Handlung (Wien 1787), I: "정치적 상학."

373 Albrecht Thaer, Grundsätze der rationellen Landwirtschaft (1809/12), neue Aufl., Bd. 1 (Berlin 1837), 3, § 1.

374 Ebd., 3, § 2.

375 독일에 수용된 하나의 사례는 이렇다. "사람이 생산이라는 단어를 그것의 원래적인 의미, 곧 이전에 없었던 것을, 그것이 형체이건 물체이건, 재료이건 간에, 만들어내는 것으로 이해한다면, 땅을 경작하는 노동만이 어떤 것을 만드는 것임은 아주 명백하다." 요약해 말하자면, "씨앗 하나에서 곡식 20개가 나온다면, 원래 우리에게 없었던 19개가 있게 되는 셈인데, 이것을 우리는 생산이라고 부른다." Jakob Mauvillon, Physiokratische Briefe an den Herrn Professor Dohm (Braunschweig 1780: Ndr. Königsten/Ts. 1979), 13f, 15. 예컨대 1590년에 나온 '토지 투기Erdwucher'에 대해서는 다음을 참조하라. Martin Grosser, "Anleitung zu der Landwirtschaft" u. Abraham von Thumbshirn, "Oeconomia", Zwei frühe deutsche Landwirtschaftschriften, hg. v. Gertrud Schröder-Lembke (Stuttgart 1965), 21.

376 이에 대한 또 다른 증거들은 다음을 보라. J. Burkhardt, "Das Verhaltensleitbild 'Produktivität' und seine historisch-anthropologische Voraussetzung", Saeculum 25 (1974), 277ff.

377 François Quesnay, Analyse du Tableau économique (1758), Oeuvres économique et philosophique, éd. Auguste Oncken (Frankfurt, Paris 1888: Ndr. Aalen 1965) 304, 310. →Stand, Klasse, Bd. 6, 224ff.

378 Smith, Wealth of Nations 2, 3, 1. Works (s. Anm. 351), vol. 2/1, 330: "자본축적 혹은 생산적인 그리고 비생산적인 노동에 대해서."

379 Vgl. F. Quesnay, Maximes générales du gouvernement économique d'un royaume agricole (1758), Oeuvres 331: "국가는 정부를 구성하는 자연적 질서의 일반적인 법칙을 알려주어야 하는데 …… 재산의 안전은 사회의 살림살이적 질서의 본질적인 토대이다."

380 Vgl. Horst Wagenführ, *Der Systemgedanke in der Natonalökonomie* (Jena 1933), 67ff; Folkert Hensemann, *Staat und Absolutismus im Denken der Physiokraten* (Frankfurt 1976), 292; Ulrich Muhlack, "Physiokratie und Absolutismus in Frankreich und Deutschland", *Zs. f. hist. Forsch.* 9 (1982), 15ff.

381 Vgl. Edwin Cannan, *A History of Theories of Production and Distribution in English Political Economy from 1776 and 1848* (1893), 3rd ed. (London, New York 1917; Ndr. 1953).

382 Hume, Of the Jealousy of Trade (1758), Essays (s. Anm. 349), 348.

383 Smith, *Wealth of Nations*, 1, 1, 1, Works, vol. 2/1, 13.

384 Pierre Samuel Du Pont de Nemours, De l'origine des progrès d'une science nouvelle (1768), in: Physiocrates, éd. Eugène Daire, t. 1(Paris 1846), 335.

385 Quesnay, Maximes générales, 331; P. S. Du Pont de Nemours an Jean−Baptiste Say, 22, 4. 1815. in: Physiocrates, t. 1, 396; Nicolas Baudeau, Première introduction à la philosophie économique; ou analyse des états policés (1771), ebd., t. 2 (1846), 657; ebd., 754; "살림살이 인식"; ebd., 776; "살림살이론".

386 P. S. Du Pont de Nemours, Maximes du docteur Quesnay (o. J.), ebd., t. 1, 389.

387 Ders, Notice abrégée des différents écrits modernes qui ont concouru en France à former la science de l'économie politique (1769), abgedr. Quesnay, Oeuvres (s. Anm. 377), 145ff; ders, Abrégé des principes de l'économie politique (für Karl−Friedrich, Markgraf von Baden 1772) in: Physiocrates, t. 1. 367ff.

388 Mauvillon, Briefe (s. Anm. 375), 6f.

[389] Johann August Schlettwein, Vollständige und beurkundete Nachricht von der im Jahre 1770 geschehenen Einführung des physiokratischen Staatswirtschaftssystems in ······ Dietlingen ······, Neues Archiv 3 (1786) u. ebd., 5 (1788), zit, Alfred Krebs, J. A. "Schlettwein und die physiokratischen Versuche in Baden", *Zs. f. d. Gesch. d. Oberrheins*, NF 24 (1909), 601ff. 605.

[390] Isaak Iselin, Träume eines Menschenfreundes (1776), zit., A. Oncken, *Geschichte der Nationalökonomie*, Bd. 1 (Leipzig 1902), 415f.

[391] Nachweis in Anm. 371.

[392] 이에 대한 연구 현황에 대해서는 다음을 보라. Paul Bairoch, "Die Landwirtschaft und die Industrielle Revolution 1700–1915", in: *Europäische Wirtschaftsgeschichte*, hg. v. C. M. Cipollar, Bd. 3: *Industrielle Revolution* (Stuttgart, New York 1976), 297ff.; K. Tribe, *Genealogies of Capitalism* (London, Basingstoke 1981), 35ff.

[393] Ronald L. Meek, *The Economics of Physiocracy* (London 1962), 349f.

[394] Wolfgang Mager, *Frankreich von Ancien Régime zur Moderne. Wirtschafts–, Gesellschafts–, und politische Institutionengeschichte 1630–1830* (Stuttgart, Berlin, Köln, Mainz 1980), 175, 226f.

[395] 하나의 의미만 나타낸 경우는 다음을 보라. Ersch/Gruber 3. Sect., Bd. 2 (1832), 14ff., Art. Oeconomia.

[396] Adelung Bd. 3 (1777), 911, s. v. Ökonomie; 19세기에는 분리되어 특별한 의미를 지녔던 사례는 다음을 보라. Oertel 2. Aufl., Bd. 2 (1806) s. v. Oekonomie: "d) 제도, 전체의 법령, 목적과 수단."

[397] Pierer 2. Aufl., Bd. 24 (1846), 134. Art. Wirtschaft; Meyer, große Ausg., 2. Abt., Bd. 14/2 (1853), 968. Art. Wirtschaft: 두 백과사전에서는 이렇게 나온다. "주인과 손님에 대한 올바른 응대"

[398] 하나의 의미만 있는 것으로 Hübner (1748), 1252, s. v. Wirtschaft; 추가적인 의

미는 다음을 보라. Jablonski 3, Aufl., Bd. 2 (1767), 1405, s. v. Wirtschaft.

[399] Campe Bd 5 (1811; Ndr. 1970), 743, s. v. Wirthschaft. ebd., s. v. Wirthschaften.

[400] Walch 2, Aufl. (1740), 1932, s. v. Oeconomie; 다음도 똑같다. Jabolonski, 3 Aufl., Bd. 2 u. Roth Bd. 2 (1788)

[401] Campe, Fremdwb., 2. Aufl. (1813; Ndr. 1970), 445, s. v. Oeconomie.

[402] Heyse 8. Aufl., Bd. 2 (1838), 160. s. v. Ökonomie.

[403] Krug 2. Aufl., Bd. 3 (1833), 96, Art. Oekonomik.

[404] Zincke 2. Aufl., (1744), 3236, Art. Wirtschaft.

[405] Zelder Bd. 57 (1748), 1130f., Art Wirthschaft.

[406] Vgl. Anm. 404.

[407] Zincke 2. Aufl., Vorrede, §§ 5. 7.

[408] Stieler, Zeitungs-Lust (1695; Ndr. 1969), 214, s. v. Oeconomie: "가계/가사"; Sperander (1728), 416, s. v. Oeconomie: "가계, 정돈, 가내경제, 가사."

[409] Cotgrave (1611), s. v. Oeconomie: "가족의 다스림, 가사문제의 규칙, 관리 혹은 운영"; Richelet t. 1 (1693), 352, s. v. économie; "가족의 돌봄과 운영"; Dict. Ac. franç., 2ᵉ éd., t. 2 (1695), 86. s. v. oeconomie. 살림살이의 1차적 의미로 이렇게 정의했다. "집안의 지출을 감안하여 가계를 돌보는 법 혹은 규칙"; Castelli 4. Aufl. (1730), 312. s. v. Economia: "가계, 경제."

[410] Campe, Fremdwb., 2. Aufl., 445; Brockhaus 2. Aufl., Bd. 7 (1816), 36; Rhein. Con. Lex., Bd. 8 (1827), 275.; Heyse 8. Aufl., Bd. 2, 160; Herder Bd. 4 (1856); Meyer 3 Aufl., Bd. 12 (1877) u. Pierer 7 Aufl., Bd. 9 (1891), 모두 Ökonomie라는 항목을 수록하고 있다.

[411] Meyer, Große Ausg. 9, Abt., Bd. 9 (1891), 205. Art. Oekonomie.

[412] Campe Bd. 5, 743, s. v. Wirthschaft: 여기서는 에버하르트Eberhard의 인용하면서 "사람들에 대한 관리"를 배제했지만, "가계의 요구에 필요한 것"에 대한 관심은 포함시켰다. Pierer 2. Aufl., Bd. 4 (1846), 134, s. v. Wirtschaft: 여기서

는 두 번째 설명으로 "일상적인 삶의 유지에 필수적인 것들을 제공하기 위한 가계 업무"라고 되어 있었다. Krünitz Bd. 239 (1857), 372, Art. Wirthschaft. 여기에서도 마찬가지로 "좁은 의미에서"라는 설명이 포함되어 있다.

413 Sperander (1728), 416. s. v. Oeconomi.

414 Schmid 2. Aufl., Bd. 5 (1883), 304, Art, Oekonomische Arbeiten.

415 Pierer 2. Aufl., Bd. 21 (1844), 215, s. v. Oekonomie: 이 항목의 첫 부분에서 다음과 같이 되어 있다. "가장과 동거인들이 서로 간에 갖고 있는 권리와 의 무들에 대한 교리." 비슷한 것으로 다음을 보라. Meyer, große Ausg., 2. Abt., Bd. 1, 205, Art. Oekonomie.

416 Brockhaus 2. Aufl., Bd. 7, 36, Art. Ökonomie.

417 Zincke 2. Aufl., 3235, Art. Wirtschafft; Zedler Bd. 57, 1131, Art. Wirthschafft.

418 Jablonski 3 Aufl. Bd. 2, 1405, s. v. Wirtschaft; vgl. Walch 2. Aufl., 1931, s. v. Oeconomie: "도시-경제-방식과 농촌-경제-방식."

419 Krünitz Bd. 229, 398f., Art. Wirtschaftssystem.

420 z. B. Campe, Fremdwb., 2. Aufl., 445, s. v. Oeconomie.

421 Brockhaus 16. Aufl., Bd. 8 (1955), Art. Ökonom, dtv-Lexikon, Bd. 13 (1968), 209, Art. Ökonom.

422 Walch 2. Aufl., 1933. Art, Oeconomie.

423 Pierer 2. Aufl., Bd. 21, 215, Art. Oeconomie; Manz Bd. 7 (1848), 786, Art. Oekonomie.

424 Zedler Bd., 57, 1152, Art. Wirthschafft. 이후 특별한 의미를 지닌 것으로는 예 컨대 다음을 보라. Pierer 2. Aufl., Bd. 21, 215, Art. Oekonomie.

425 Zincke 2. Aufl., 3244; Zedler Bd. 57, 1130; Jablonski 3. Aufl., Bd. 2, 1405에 각각 나오는 Wirtschaft 항목을 보라.

426 Meyer, große Ausg., 2. Abt., Bd., 205, Art. Oekonomie.

427 Dict. Ac. Franç., 2ᵉ éd., t. 2, 86, s. v. oeconomie: 경제라는 항목에는 다음과

같은 풀이가 붙어 있다. "비유적으로 말하자면 정치체제가 우선 살아남는 방법이다."

428 Stieler, Zeitungs-Lust, s. v. Oeconomie.

429 Walch 2. Aufl., 1932, Art. Oeconomie.

430 Zincke 2. Aufl., 3236, Art. Wirtschafft; Zedler Bd. 57, 1132, Art. Wirthschafft.

431 Jablonski 3. Aufl., Bd. 2, 1405, Art. Wirtschaft.

432 Brockhaus 2. Aufl., Bd. 7, 36, Art. Ökonomie.

433 Georg Sartorius, Handbuch der Staatswirtschaft zum Gebrauche bei akademischen Vorlesungen, nach Adam Smith's Grundsätzen (Berlin 1796), V; August Ferdinand Lueder, Über Nationalindustrie und Staatswirtschaft. Nach Adam Smith bearbeitet, 3 Bde. (Berlin 1800/04); Christian v. Schlözer, Anfangsgründe der Staatswirtschaft oder die Lehre von dem Nationalreichthume, 2 Bde. (Riga 1805/07).

434 Hegel, Grundlinien der Philosophie des Rechts (1821), SW Bd. 7 (1928), 270f., § 189.

435 Friedrich Bülau, Über das Formelle in den Staatswissenschaften und namentlich den Begriff der Staatswirthschaft, Arch. d. polit. Oekon. u. Polizeiwiss. 3 (1838), 1ff.

436 Sartorius, Handbuch, 1.

437 Julius Graf v. Soden, Die National-Oekonomie. Ein philosophischer Versuch über die Quellen des National-Reichtums ……, 3 Bde. (Leipzig 1805/08). 다른 전집은 다음과 같은 것이 있다. "Nach den Grundsätzen der National-Oekonomie," Bd. 6 (Aarau 1816); Bd. 9 (Nürnberg 1824).

438 Ludwig Heinrich Jakob, Grundsätze der National-Oekonomie oder National-Wirthschaftslehre (Halle 1805), VII: "민족의 부가 갖는 전체 특성, 그것의 등장과 소멸, 다시 말해 그것의 존재가 어떤 것인지를 나타내주는 개념적 체계를

묘사하기 위해서는 국민살림 혹은 국민경제학이라는 표현이 나에게는 가장 적당한 것처럼 보인다."

Alexander Lips, Deutschlands National–Oekonomie. Ein Versuch zur endlichen Lösung der Frage: Wie kann Deutschland zu lohnendem Ackerbau, zu blühender Industrie und würksamem Handel gelangen? (Giessen 1830).

440 List, Das nationale System der Politischen Oekonomie (1841/44), Schriften, Bd. 6 (1930), 210.

441 Reimut Jochimsen/Helmut Knobel, "Einleitung" zu: dies., *Gegenstand und Methoden der Nationalökonomie*(Köln 1971), 9.

442 Heinrich Friedrich v. Storch, Cours d'économie politique ou exposition des principes qui déterminent la prospérité des nations; 6 vols. (Petersburg 1815); ders., Handbuch der National–Wirthschaftslehre. Aus dem Franz. mit Zusätzen v. Karl Heinrich Rau, Bd. 1 (Hamburg 1819), 6.

443 K. H. Rau, Lehrbuch der politischen Oekonomie, Bd. 1: Grundsätze der Volkswirthschaftlehre (Heidelberg 1826); Bd. 2: Grundsätze der Volkswirtschaftspflege; 나중에는 Volkswirthschaftspolitik (1828); Bd. 3: Grundsätze der Finanzwissenschaft (1832).

444 예컨대 다음을 보라. B. A. F. Lueder (1820); Adolph Friedrich Riedel (1838/42); Friedrich Gottlob Schulze (1856); Hermann Bischof (1874).

445 자세한 것은 다음을 보라. Rhein. Conv. Lex., Bd. 11 (1830), Art. Volkswirtschaftslehre. 그 외에는 대부분 'Nationalökonomie'라는 항목에서 같이 설명되었다.

446 Meyer 3. Aufl., Bd. 15 (1878), 942. Art. Nationalökonomie. 《마이어 대사전》은 이를 이미 예고했다. Meyer, große Ausg., 1. Abt., Bd. 22 (1852), 1108. Art. Nationalökonomie. "그렇지만 이 단어는 이미 민족경제론이라는 명칭에 의해 밀려나기 시작했다."

[447] Vgl. Garnier, L'origine (s. Anm. 345), 300ff.; Stollberg, *Geschichte* (s. Anm. 345), 1ff.

[448] Rau, Lehrbuch, Bd. 1, VIII; Karl Menger, Untersuchungen über die Methoden der Sozialwissenschaften und der Politischen Ökonomie (Leipzig 1883), 251.

[449] Larousse t. 7 (1870), 133. s. v. économie. "정치적 살림살이 혹은 간단히 말해 서 살림학."

[450] 다음의 증거를 참조하라. Klaus Heinemann, *Politische Ökonomie heute* (Tübingen 1974), 10, Anm. 7: Stollberg, *Geschichte*, 32, Anm 132. 더 첨가하자면 이렇 다. *Politische Ökonomie*, hg. v. Winfried Vogt (Frankfurt 1973); Bernhard Blanke/ Ulrich Jürgens/Hans Kastendieck, *Kritik der politischen Ökonomie* (Frankfurt 1975); Lothar Kramm, "Was ist politische Ökonomie?" in: *Grundprobleme der politischen Ökonomie*, hg. v. Michael Hereth (München 1977), 201ff.

[451] Vgl. Engels, Herrn Eugen Dührings Umwälzung der Wissenschaft (1878), MEW Bd. 20 (1962), 136f. 139, 91f. 이와는 반대로 마르크스가 서술한 부분에 나오 는 用語들에 대해서는 ebd., 210ff, 213; Stollberg, *Geschichte*, 22f.

[452] Brüggmann Bd. 5 (1836), 339. Art. 'Nationalökonomie; Rotteck/Welcker, Bd. 12 (1841), 610ff., Art. Politische Oekonomie; Rhein. Conv. Lex., 4 Aufl., Bd. 9 (1843), 47f., Art Nationalökonomie; Pierer 2. Aufl., Bd. 29 (1845), 389. Art. Sta atswirthschaftsysteme(Variante: erst Physiokratie, dann Merkantilismus); Meyer, große Ausg., 1. Abt., Bd. 22 (1852), 1108f. Art. Nationalökonomie; Herder Bd. 4, 299. Art. Nationalökonomie; Brockhaus 14. Aufl., Bd. 16 (1903), 395f., Art. Volkswirtschaftslehre.

[453] Engels, Die Lage der arbeitenden Klasse in England (1845), MEW Bd. 2 (1957), 487.

[454] Deutsche Bundesakte v. 8. 6. 1815, abgedr. *Dokumente zur deutschen Verfassungsgeschichte*, hg. v. Ernst Rudolf Huber, Bd. 1: *Deutsche*

Verfassungsdokumente 1800–1850 (Stuttgart 1961), 80f.

455 Vgl. ders, *Deutsche Verfassungsgeschichte seit 1789*, Bd. 2: *Der Kampf um die Einheit und Freiheit 1830 bis 1850* (Stuttgart 1960), 629ff.

456 Walther Hubatsch, *Entstehung und Entwicklung des Reichswirtschaftsministeriums 1880–1933. Ein Beitrag zur Verwaltungsgeschichte der Reichsministerien. Darstellung und Dokumente* (Berlin 1978), 13ff. 18f.

457 Neuordnung des Deutschen Handelstages. Protokoll der 40. Vollversammlung (3. 5. 1918), abgedr. *Der Deutsche Industrie– und Handelstag in seinen ersten hundert Jahren. Zeugnisse und Dokumente* (Bonn 1962), 79.

458 Albrecht Graf v. Bernstorff an Wilhelm Graf v. Perpencher, 26. 8. 1862, zit. Eugen Franz, *Der Entscheidungskampf um die wirtschaftliche Führung Deutschlands 1856–1867* (München 1933; Ndr. Aalen 1973), 237; Alfred Frh. v. Bibra an Karl Frh. v. Schrenk, 25. 7. 1863, zit. ebd., 318.

459 Rau, Lehrbuch (s. Anm. 443), Bd. 1, 7f. §§ 13f.; ders., Lehrbuch, Bd. 2.

460 Lips, National–Oekonomie (s. Anm. 439), IX.

461 Lorenz v. Stein, *Geschichte der socialen Bewegung in Frankreich von 1789 bis auf unsere Tag* (1850), hg. v. Gottfried Salomon, Bd. 1 (München 1921: Ndr. Darmstadt 1959), 464.

462 Verhandlungen des Kongresses deutscher Volkswirte zu Weimar (10. 9. 1862), zit. Franz, *Entscheidungskampf*, 243.

463 List, System (s. Anm. 440), 187. 여기에서 그는 나라를 "국민의 살림살이의 관계에서" 보고자 했다.

464 Lips, National–Oekonomie, 1.

465 Kongreß deutscher Volkswirte (10. 9. 1862), zit. Franz, Entscheidungskampf, 243; Kongreß deutscher Volkswirte (19./23. 9. 1858), zit. ebd., 21.

466 Adolf Berliner, *Die wirtschaftliche Krisis, ihre Ursachen und ihre Entwicklung*

(Hannover 1878), 68.

[467] 후바치Hubatsch(Reichswirtschaftsministerium, 49)에 따르면 고트립 파울 레온하르트Gottlieb Paul Leonhardt는 1913년에 '전시경제부'를 제창했다. Arthur Dix, *Wirtschaftskrieg und Kriegswirtschaft*(Berlin 1920); Der Weltkrieg 1914–18, Abt. 3, Bd. 1 (Berlin 1930).

[468] Verfassung des Deutschen Reiches v. 16. 4. 1871, abgedr. *Staatsverfassungen. Eine Sammlung wichtiger Verfassungen der Vergangenheit und Gegenwart in Urtext und Übersetzung (1949)*, hg. v. G. Franz, 2. Aufl, (München 1964), 176. IV., Art. 33–44; Weimarer Verfassung v. 11. 8. 1919, ebd., 219, V., Art. 154–165.

[469] Vgl. Grimm Bd. 14/2, Ndr. Bd. 30, 676, s. v. Wirtschaft.

[470] Gustav Stresemann, Rede v. 18. 4. 1928. abgedr. *Deutscher Industrie- und Handelstag* (s. Anm. 457), 83.

[471] Marx, Zur Kritik der politischen Ökonomie (1859), NEW Bd. 13 (1961), 8.

[472] Max Weber, "Die 'Objektivität' sozialwissenschaftlicher und sozialpolitischer Erkenntnis", *Arch. f. Soz.wiss. u. Soz.politik*, NF 19 (1904), 44.

[473] Adolf Hitler, Ministerbersprechung v. 15. 3. 1933. zit. Dieter Petzina, *Die deutsche Wirtschaft in der Zwischenkriegszeit* (Wiesbaden 1977), 111.

[474] Robert Ley, *Deutschland ist schöner geworden*(o. O. 1939), 1.

[475] Brockhaus 16, Aufl., Bd. 12 (1957), 545, Art. Wirtschaft: Brockhaus, Enz., Bd. 20 (1974), 392, Art. Wirtschaft; Horst Claus Recktenwald, *Wörterbuch der Wirtschaft* (Stuttgart 1975), 553, Art. Wirtschaft.

[476] Jakob, Grundsätze (s. Anm. 438), III; Burkhardt, Verhaltensleitbild (s. Anm. 376), 278ff.

[477] List, System (s. Anm. 440), 24.

[478] Ebd. 13. 54. 184ff.

[479] Marx/Engels, Manifest der Kommunistischen Partei (1848), MEW Bd. 4 (1959),

462; Marx, Das Kapital, Kritik der politischen Ökonomie, Bd. 1 (1867), MEW

Bd. 23 (1962), 177; ders., Zur Kritik der politischen Ökonomie, 7ff.

[480] Ders., Kapital, Bd. 1, 95, Anm. 32.

[481] Ders./Engels, Manifest, 481.

[482] Vgl. Walter G. Hoffmann, Das Wachstum der deutschen Wirtschaft seit der Mitte

des 19. Jh. (Berlin, Heidelberg, New York 1965); Petzina, Wirtschaft (s. Anm. 473),

75.

[483] Lionel C. Robbins, An Essay on the Nature and Signification of Economic Science

(London 1932), 15.

[484] Heinz König, "Ansätze und Probleme der Wachstumstheorie", in: ders., (Hg.),

Wachstum und Entwicklung der Wirtschaft (Köln, Berlin 1968), 15.

[485] Dennis L. Meadows u. a., Die Grenzen des Wachstums. Bericht des Club of Rome

zur Lage der Menschheit (engl. 1971; Stuttgart 1972).

[486] Fischer Öko-Almanach 82/83. Daten, Fakten, Trends der Umweltdiskussion, hg.

v. Gerd Michelsen, Uwe Rühling, Fritz Kabelah u. Öko-Institut Freiburg/Br.

(Frankfurt 1982), 285.

[487] Brockhaus, Enz., Bd. 13 (1971), 700, Art. Ökokatastrophe.

[488] Ernst Haeckel, Generelle Morphologie der Organismen Bd. 2: Allgemeine

Entwicklungsgeschichte der Organismen (Berlin 1866), 286. → Welt, Abschn.

VI.

[489] Ökonomie und Ökologie. Auswege aus einem Konflikt, hg. v. Udo Ernst Simonis

(Karlsruhe 1980).

[490] Daniel Bell, Die nachindustrielle Gesellschaft (1972; Reinbek b. Hamburg 1979),

340.

[491] Forschungsvorhaben "Die List der Natur", Correspondenz-Blatt 2 (1982), 2. 이

잡지는 디터 무라우Dieter Murau와 라이너 로테르문트Rainer Roternmundt에

의해서 간행되고 있다(자가 출판, 주소, Dutzendeichstr. 35, 8500 Nürnberg 30).

[492] U. E. Simonis, "Indikatoren qualitativen Wachtums", *Öko-Almanach 82/83*, 34; ders., *Lebensqualität. Zielgewinnung und Zielbestimmung* (Kiel 1976).

참고문헌

기본서적

Otto Brunner, Das 'ganze Haus' und die alteuropäische 'Ökonomik', in ders.,
Neue Wege der Verfassungs- und Sozialgeschichte (1956), 2. Aufl. (Göttingen 1968),
103ff.

ders., *Adeliges Landleben und europäischer Geist. Leben und Werk Wolf Helmhards
von Hohberg 1612-1688* (Salzburg 1949)과 거기에 실린 참고문헌.

전문서적:

Julius Hoffmann, *Die 'Hausväterliteratur' und die 'Predigten über den christlichen
Hausstand'* (Weinheim, Berlin 1959).

개념사에 중요한 다른 장르의 역사:

Eduard Weber, Literaturgeschichte der Handelsbetriebslehre, *Zs. f. d. ges. Staatswiss.*,
Erg.-H. 49 (Tübingen 1914; Ndr. 1967)

사회학:

Hans L. Stoltenberg, *Geschichte der deutschen Gruppwissenschaft (Soziologie) mit
besonderer Beachtung ihres Wortschatzes* (Leipzig 1937).

Hans Maier, *Die ältere deutsche Staats- und Verwaltungslehre (Polizeiwissenschaft). Ein
Beitrag zur Geschichte der politischen Wissenschaft in Deutschland* (Neuwied, Berlin
1966; Ndr. München 1980).

Jutta Brückner, *Staatswissenschaften, Kameralismus und Naturrecht. Ein Beitrag zur*

Geschichte der politischen Wissenschaft im Deutschland des späten 17. und frühen
18. Jh. (München 1977).

단어의 역사:

Joseph Garnier, De l'origine et de la filiation du mot économie politique, *Journal*
des économistes 32 (1852), 300ff.; ebd. 33 (1853), 11ff.

H. L. Stoltenberg, Zur Geschichte des Wortes Wirtschaft, *Jb. f. Nationalök. u.*
Statistik 148 (1937), 556ff. (유감스럽게도 출처와 의미 설명이 없다)

Gunner Stollberg, Zur Geschichte des Begriffs 'Politische Ökonomie', *Jbb. f.*
Nationalökonomie u. Statistik 192 (1977), 1ff.

의미론적인 구상:

Johannes Burkhardt, Das Verhaltensleitbild 'Produktivität' und seine historisch-
anthropologische Voraussetzung, *Saeculum* 25 (1974), 277ff.

ders., Der Umbruch der ökonomischen Theorie, in: *Verhaltenswandel in der*
Industriellen Revolution. Beiträge zur Sozialgeschichte, hg. v. August Nitschke
(Stuttgart 1975), 57ff.

1991년 증보

1983년에 완료된 이 텍스트는 1991년에 세밀하고 검토되었는데 더 진행된 연
구에도 불구하고 이 개념사에 대해서는 유용하다. 그 이후에 '시장'과 '집'을 대
조적으로 놓는 연구가 등장했다. Wolf-Hagen Krauth, *Wirtschaftsstruktur und*
Semantik. Wissenssoziologische Studien zum wirtschaftlichen Denken in Deutschland
zwischen dem 13. und 17. Jahrhundert(Berlin 1984). 여기에서 '제후의 조세 정
책Oeconomia satrapica'으로 불리는 국가의 개입은—다른 것과 같이—더욱
일찍 시작되었는데, 엄격하게 개념사적으로가 아니라 기능적인 상황에 근거

한 것이다. 체계 이론을 토대로 전체적인 발전 경로를 다룬 다른 연구도 나왔다. Leonhard Bauer/Herbert Matis, *Geburt der Neuzeit. Vom Feudalsystem zur Marktgesellschaft*(München 1988). 원래 이 책의 제목은 '오이코스[집]와 리바이어던; 도덕적인 살림살이에서 정치적 살림살이로'였는데 원래 제목이 발전 경로를 더 상세하게 보여준다. 여기에서 국가의 개입은 '거대-오이코스'로서 기능한다. 이 전환도 마찬가지로 생산과 성장을 강조하지만 호모 에코노미쿠스homo oeconomicus가 시장에 맞게끔 개인화됨으로써 생겨난 것으로 여겨졌다. 다른 관점에서 그동안에 더 연구된 것은 다음의 논의이다. J. Burkhardt, Das Haus, der Staat und die Ökonomie. Das Verhältnis von Ökonomie und Politik in der neuzeitlichen Institutionengeschichte, in: *Die Rationalität politischer Institutionen. Interdisziplinäre Perspektiven*, hg. v. Gerhard Göhler, Kurt Lenk, Rainer Schmalz-Bruns(Baden-Baden 1990), 169ff. 이 발전이 19세기까지 지속된 점에 대해서는 다음을 참조하라. Birger P. Priddat, Der Staat, die Ökonomie und die Gesellschaft. Entwicklungen des ökonomischen Institutionenbegriffs im 19. und 20. Jahrhundert, ebd., 189ff. 기타 개별적 연구로 고대살림살이에 대해서는 다음이 연관되지만 더 이상은 나오지 않았다. Erich Egner, *Der Verlust der alten Ökonomik*(Berlin 1985). 그에 반해 풍부한 사료를 이용한 중요한 연구로는 다음을 보라. Gotthard Frühsorge, Luthers Kleiner Katechismus und die Hausväterliteratur. Zur Traditionsbildung lutherischer Lehre vom 'Haus' in der Frühen Neuzeit, *Pastoral-Theologie* 73(1984), 380ff.; ders., Die Krise des Herkommens. Zum Wertekanon des Adels im Spiegel alteuropäischer Ökonomieliteratur, in: *Ständische Gesellschaft und Soziale Mobilität*, hg. v. Winfried Schulze(München 1988), 95ff. 루터의 신학적인 살림살이 체계가 여기에 서술된 것보다 훨씬 긍정적이며 다른 모습을 보였지만 그 영향력은 회의적이라는 주장에 관해서는 다음 나의 제자가 쓴 석사논문을 보라. Maria Löffler, Luthers Ausführungen zu Handel und Wucker sowie ihre Rezeption in kirchlichen und frühkameralistischen Quellen(Eichstätt 1990, Mschr.). 관방주의의 최고 권위자

가 독일 경제사상의 정치적·학술적·학술용어적 전통을 특히 주시하면서 펴낸 주요 저작으로서 다음이 있다. Keith Tribe, *Governing Economy. The Reformation of German Economic Discourse 1750-1840*(Cambridge 1988). 학술적 전통과 담론에 대해서는 앞으로 출간될 다음의 연구를 보라. (현재 상황) B. P. Priddat, Produkion und Natur. *Die Herausbildung des ökonomischen Produktions-begriffs vom 17. -19. Jh., Inst. f. Polit. Wiss. Diskussionsbeitr. u. Ber.* 22(Hamburg 1987); ders., Beispiele zur Geschichte der ökonomischen Aristoteles-Interpretation(Pol. I, 8-11) vom Ende des 18. bis ins 20. Jh., *Inst. f. Polit. Wiss. Diskussionsbeitr. u. Ber.* 44(Hamburg 1988); Th. Nieding, Physiokratie und Revolution. Ansichten einer facettenreichen Interdependenz, in: *Aufklärung, Politisierung und Revolution,* hg. v. W. Schulze(Pfaffenweiler 1991), 51ff. 다음의 글에는 이 글에서 편집하면서 축약된 학술 명칭에 대한 증거들과 더 상세한 논의가 들어 있다. J. Burkhardt, Der Begriff des Ökonomischen in wissenschaftsgeschichtlicher Perspektive, in: *Die Institutionalisierung der Nationalökonomie an deutschen Universitäten. Zur Erinnerung an Klaus Hinrich Hennings,* hg. v. Norbert Waszek(St. Katharinen 1988), 55ff. 일련의 인용된 문구가 주석과 함께 다음에 곧 출간될 예정이다. *Geschichte der Ökonomie,* hg. v. J. Burkhardt u. B. P. Priddat(=Bibliothek der Geschichte und Politik, hg. v. Reinhart Koselleck, Bd. 22, erscheint 1992).

찾아보기

코젤렉의 개념사 사전 21 — 경제

⊙ 2022년 10월 29일 초판 1쇄 발행
⊙ 2022년 11월 5일 초판 2쇄 발행
⊙ 글쓴이   요하네스 부르크하르트·페터 슈판·오토 게르하르트 왹슬레
⊙ 엮은이   라인하르트 코젤렉·오토 브루너·베르너 콘체
⊙ 기 획   한림대학교 한림과학원
⊙ 옮긴이   송충기
⊙ 발행인   박혜숙
⊙ 펴낸곳   도서출판 푸른역사
　　　서울시 종로구 자하문로8길 13 (우 03044)
　　　전화: 02)720-8921(편집부) 02)720-8920(영업부)
　　　팩스: 02)720-9887
　　　전자우편: 2013history@naver.com
　　　등록: 1997년 2월 14일 제13-483호
ⓒ 한림대학교 한림과학원, 2022

ISBN   979-11-5612-231-9 94900
세트   979-11-5612-230-2 94900